Tim Timmons

Ehe –
nach Gottes Plan

Verlag der
Francke-Buchhandlung GmbH
Marburg an der Lahn

1. Auflage Februar 1977
2. Auflage Juni 1977
3. Auflage 1979
4. Auflage 1981
5. Auflage 1983

ISBN 3 920345 97 5

Titel der Originalausgabe MAXIMUM MARRIAGE
© Fleming H. Revell Company, Old Tappan, New Jersey
© der deutschsprachigen Ausgabe
1977 by Verlag der Francke-Buchhandlung GmbH
3550 Marburg an der Lahn
Übertragung aus dem Amerikanischen von Ruth Müller
Umschlagentwurf: Litera
Gesamtherstellung:
St.-Johannis-Druckerei C. Schweickhardt, 7630 Lahr-Dinglingen
Printed in Germany 19756/1983

Inhalt

Einführung

Am Tag der Hochzeit sind alle Hochzeiter glücklich; es ist das Leben danach, das die Probleme bringt. Wenn aller Glanz dieses herrlichen Tages vergangen ist, beginnt die Zeit des Zusammenlebens. Es gibt viele Klischees, die das Eheleben beschreiben. Manche Leute sagen leichthin: »Die Ehe ist wie eine Cafeteria – du nimmst, was dir jetzt gut erscheint und zahlst später dafür.« Oder: »Die Ehe ist ein Abenteuer – etwa so, wie in den Krieg ziehen.« – »Wenn die Ehe nicht wäre, müßten Mann und Frau sich schließlich mit Fremden streiten.« Andere denken schon ernster darüber: »Es ist eine Angelegenheit, die fünfzig zu fünfzig ausgetragen wird. In der Ehe muß man geben und nehmen.«

Keine dieser Weisheiten, und wir könnten ihrer noch viele gleichwertige anführen, reicht im Alltagsleben aus. Die vielen zerbrochenen Ehen geben Zeugnis davon. Eine noch größere Tragik als die geschiedenen Ehen ist die unglaublich hohe Zahl der sogenannten Ehen, die in Wirklichkeit eine ständige Scheidung sind. Da herrschen Enttäuschung und Haß und bestenfalls ein Geist des Ertragens, aber keine Freude und wirkliches Miteinander. Es ist keineswegs so, als ob jeder Partner gerne möchte, daß nicht alles in Ordnung geht. Im Gegenteil! Jeder hat von Anfang an nur das Beste von seiner Ehe erwartet. Aber wo jeder volle Erfüllung und volle Entfaltung für sich selbst sucht, begegnen ihm Fehler und Enttäuschungen. So gibt er eines Tages auf. Mann und Frau finden sich in einer Ehe gefangen, in der sich alle Erwartungen für ein glückliches Leben vor ihren Augen auflösen. Natürlich möchten sie es anders, aber sie haben jede Hoffnung auf Besserung aufgegeben. Diesen Prozeß der Auflösung möchte ich mit Plan A bezeichnen.

Plan A

Dieser Plan ist heute die verbreitetste Form der Ehe. Er folgt der bekannten Formel: Es wird sich schon alles einspielen. Meistens tut es das auch. Nur nicht so, wie wir es gerne möchten.

Dieser Plan ist auf Wettbewerb und Vergleich aufgebaut, mit der ständigen Frage, wer mehr befähigt ist, der Mann oder die Frau. Jeder Partner, der diese Frage zu beantworten sucht, sieht sich gezwungen, sich selbst besser zu qualifizieren als der andere. Wenn Plan A voll in Funktion tritt, geht es mit der Ehe abwärts. Es bleiben nur Enttäuschung und Verzweiflung übrig. Dennoch verfahren viele Familien bis zu einem gewissen Grad nach Plan A. Um genau zu erkennen, was Plan A bewirkt, wollen wir die einzelnen Familienglieder in dem Prozeß der Auflösung und Zersetzung beobachten.

Der Mann

1. . . . *ist verwirrt.* Der Mann hat gehört, daß er das Haupt der Familie sein soll – was immer das bedeuten mag. Wenn er sich die Frage vorlegt, wer dafür besser geeignet ist, kommt er zu folgender Erkenntnis: Auf vielen Gebieten bin ich das sicher, aber in manchen anderen Punkten ist es zweifellos meine Frau. Der Mann, der so fragt, hat nicht verstanden, was es heißt, Haupt der Familie zu sein. Er neigt deshalb dazu, in Gebaren und Sprache zu dokumentieren: Ich bin das Haupt! Weder seine Frau noch die Kinder akzeptieren das, und er räumt das Feld.

2. . . . *tritt von der Verantwortung zurück.* Ohne klares Verständnis von seiner Funktion innerhalb der Familie beginnt der Mann, sich seiner Verantwortung zu entziehen. Er verkündet: »Ich sorge für das Geschäft – du für das Heim.«

3. . . . *ärgert sich über seine Frau und lehnt sie ab.* Einmal von der aktiven Verantwortung in der Familie zurückgetreten, gefällt sich der Mann in kritisierender Stellungnahme. Von seinem günstigen Standpunkt aus verübelt er es seiner Frau, daß sie die Initiative ergreift und Entscheidungen in Familienangelegenheiten trifft. Erst tritt er von seiner Verantwortung ab, dann erfüllt ihn Groll gegen seine Frau.

4. . . . *reagiert gegen seine Frau.* Dieser Groll tritt in vielen oberflächlichen Konfrontationen zutage. Der Mann spielt sich in den Vordergrund, indem er der Frau zeigt, wo sie versagt hat. »Wenn du mich nur gefragt hättest, wäre dieses Problem vermieden wor-

den.« Diese Reaktion ist die Sackgasse, in die das Wetteifern von Plan A unweigerlich führt.

5. . . . *rennt weg*. Der Mann sucht vollkommene Erfüllung und Entfaltung seiner Persönlichkeit. Zu Hause hat er sie nicht gefunden, so läuft er woanders hin. Die meisten Männer vergraben sich in ihre Arbeit. Dort finden sie, zumindest teilweise, Respekt und Anerkennung und können sich entfalten. Manche wenden sich dem Sport, andere sozialen Organisationen oder irgendwelchen Klubs zu. Mancher geht zu einer anderen Frau – einer, die ihm wirklich zuhört und ihn aufzubauen sucht. Aber alle diese Lösungen können nur ärmlicher Ersatz für die maximale Gemeinschaft mit der eigenen Frau sein.

Die Frau

1. . . . *ist stolz*. Die Frau folgt demselben Verhaltensmuster wie der Mann. An die Stelle der Verwirrung tritt bei ihr der Stolz. Sie hat gehört, daß sie die Helferin ihres Mannes sein soll. In Verbindung mit dem »häßlichen« Wort Untertänigkeit ist das für sie gleichbedeutend mit »Fußabtreter«. Wenn sie sich also die Frage vorlegt, wer fähiger sei, sagt sie sich: »Auf vielen Gebieten bin ich das; und außerdem, wenn ich es nicht tue, wird es nie getan werden!«

2. . . . *entläßt ihren Mann aus der Verantwortung*. In ihren energischen Anstrengungen, ihren Mann zu übertreffen und sich selbst zu prüfen, verdrängt sie ihn unbewußt aus wichtigen Familienangelegenheiten. Sie ermuntert ihn nicht, seine Verantwortung als Haupt der Familie wahrzunehmen, weil sie damit den Begriff des Diktators verbindet und weil das offensichtlich im Gegensatz zu dem Bestreben steht, sich selbst als qualifizierter zu erweisen.

3. . . . *ärgert sich über ihren Mann und lehnt ihn ab*. Obwohl sie ihren Mann seiner Verantwortung als Haupt enthoben hat, nimmt sie ihm eben diesen Umstand übel. Sie erkennt, daß ihr in dem Arrangement von Plan A kein gutes Los zugefallen ist. Sie ist überfordert mit der Belastung, alle Aktivitäten der Familie zu koordinieren, die Kinder zu erziehen, für die Mahlzeiten zu sorgen und das Haus sauber zu halten. Zu all den ungeschätzten Arbeiten kommt noch

die Erkenntnis, daß sie alleine ist! So haßt sie schließlich ihren Mann, seine Ideen und Meinungen und seine Tätigkeiten.

4. . . . *reagiert gegen ihren Mann.* Genau wie ihr Mann, so schlägt auch sie gegen ihren Partner aus, weil sie gereizt und wütend ist. Sie wirft ihm die verbreitete Anschuldigung an den Kopf: »Wenn du der Mann im Hause wärest, hätte das nicht passieren können!« Das Messen der Kräfte hat begonnen! Der Geist des Wettstreits, der Eifersucht, des Konkurrenzkampfes bestimmt die Atmosphäre in der Familie.

5. . . . *rennt weg.* Sie sucht volle Erfüllung und Entfaltung ihrer selbst. Da sie das zu Hause nicht gefunden hat, läuft sie fort. Im allgemeinen wendet sie sich zunächst an ihre Kinder. Das gibt ihr eine Zeitlang eine gewisse Gemeinschaft und Befriedigung. Aber Kinder wachsen und werden selbständig. So wendet sie sich Frauenorganisationen oder einem Beruf zu. Gegen solche Tätigkeiten an sich ist nichts einzuwenden. Aber wenn sie als Ersatz für eine gute Ehe dienen, vertiefen sie leicht die Kluft zwischen Mann und Frau. Manche Frauen rennen auch zu anderen Männern; sie suchen jemand, der ihnen Anerkennung, Verständnis und Respekt entgegenbringt und sie wie einen Menschen von Wert behandelt.

Erkennen Sie, was bei Plan A mit dem Zuhause geschieht? Niemand ist da! Man kann Tag und Nacht anrufen, aber niemand meldet sich. Jeder rennt weg! Das ist eine der tragischsten Szenen in unserer heutigen Gesellschaft – die Entwicklung des Kindes in einem Zuhause, das nach Plan A operiert.

Das Kind

1. . . . *ist unsicher.* Der fundamentale Sicherheitsfaktor im Leben eines Kindes stammt nicht aus der Tatsache, daß Vater und Mutter es lieben, sondern daß Vater und Mutter in warmer Herzlichkeit einander zugetan sind. In der Plan-A-Familie gibt es jedoch dieses Verhältnis nicht. Statt Stärke und Sicherheit von den Eltern zu empfangen, sieht sich das Kind in die Atmosphäre des Wettstreits mit hineingezogen.

2. . . . *schließt sich aus.* In der Entwicklung des Kindes gibt es einen

natürlichen Übergang von der Abhängigkeit zur Unabhängigkeit. Um diesen Übergang mit möglichst wenig Explosionen überstehen zu können, muß das Eltern-Kind-Verhältnis ein herzliches und vertrauensvolles sein. Innerhalb von Plan A begegnet man der Situation dagegen mit einem System von Regeln. Das Kind reagiert darauf, indem es sich zurückzieht, um sich eine eigene Welt zu schaffen, aus der es die Eltern ausschließt. Die Verbindung untereinander ist dann nur noch für die notwendigsten Gespräche und Tätigkeiten offen. Das eigentliche Leben des Kindes mit seinen Interessen, Gedanken und Gefühlen bleibt den Eltern mehr und mehr verschlossen.

3. . . . *lehnt die Eltern ab.* Das Kind steht dem Leben allein gegenüber. Sein Verhältnis zu den Eltern löst sich auf. Von seiner natürlichen Quelle der Sicherheit und Stärke ist es abgeschnitten. Das Ergebnis? Es beginnt seine Eltern zu hassen. »Sie verstehen mich ja doch nicht!«

4. . . . *rebelliert gegen die Eltern.* Mit der Zeit hat das Kind genug von Plan A begriffen und erfahren, es schließt sich dem Machtkampf an. Die Eltern reagieren mit mehr Regeln und Verboten. Aber Bestimmungen und Beschränkungen ohne wirkliche Beziehungen zueinander, rufen immer nur Rebellion hervor. Das Kind muß beweisen, daß es nicht zu jung ist, daß es weiß, was es tut.

Eine Mutter fragte mich in bezug auf ihren vierzehnjährigen Sohn: »Was soll ich nur mit meinem Baby machen? Er ist in letzter Zeit so aufsässig.« Es bedurfte keiner großen Weisheit, das Problem zu erkennen. Ich entgegnete ihr: »Vielleicht sollten Sie das ›Baby‹ aus Ihrem Wortschatz streichen!« – »Oh, aber er ist doch unser Baby!« An seinem 18. Geburtstag erlangte das »Baby« seinen Führerschein, fuhr zum erstenmal allein aus und kam betrunken nach Hause. Ganz offensichtlich wollte der junge Mann beweisen, daß er kein Baby mehr war.

5. . . . *rennt weg.* Das Kind sollte volle Erfüllung und Entfaltung in der Familie finden. Stattdessen muß es sie außerhalb der Familie suchen. Es findet Mitleid bei Gleichaltrigen. An diesem Punkt ist das Kind von starkem sozialem und emotionalem Druck umgeben, und es tut alles Mögliche, um Anerkennung zu erlangen. Da es keinen sicheren Standpunkt hat, von dem aus es in die Welt tritt, kön-

nen diese Erfahrungen sehr ungesund, enttäuschend und verheerend sein.

Eine der tragischsten Auswirkungen der nach Plan A funktionierenden Familie auf das Kind ist das Problem der Homosexualität. Ein erfahrener Kenner dieses Gebietes, Peter Wyden, schreibt: »Untersuchungen in überwältigendem Maß haben ergeben, daß Homosexualität nicht angeboren, sondern anerzogen ist . . . Es gibt in zunehmendem Maß Übereinstimmung darin, daß Homosexualität selten (falls überhaupt) vorkommt, ohne daß die Eltern eine bedeutende Rolle dabei spielen . . . Viele Eltern unterschätzen ihre eigene Bedeutung als Vorbilder für das Verhalten ihrer Kinder, vor allem, solange die Kinder sehr jung sind . . . Eltern sollten die Tatsache würdigen, daß eine Mutter, die ihre Rolle als wirklich weibliche Frau akzeptiert, ihrer Tochter in einem bemerkenswert frühen Alter diese Weiblichkeit vermittelt und daß einer Mutter Respekt für die Rolle des Vaters als Haupt der Familie dem kleinen Jungen helfen wird, zu einem Mann heranzuwachsen. Wenn dagegen die Eltern selbst unsicher darüber sind, was heute zum richtigen Verhalten der Geschlechter beiträgt, oder vor allem, wenn die Eltern sich bekriegen, so können die Kinder nur verworrene Ideen über ihren eigenen Platz und ihre Rolle in der Gesellschaft entwickeln.« Das soll nicht heißen, daß alle Plan-A-Familien homosexuelle Kinder hervorbringen. Aber es zeigt doch, daß alle homosexuellen Kinder aus Plan-A-Familien stammen.

Das Leben nach Plan A ist voller Herzeleid, denn jeder in dem Spiel verliert. Das Kind hat den sicheren Grund verloren, von dem aus es in die Welt hinaustritt. Und die Eltern haben ihr Kind praktisch verloren.

Plan A funktioniert nicht! Er führt zu Enttäuschung und Verzweiflung.

Plan B

Was wir brauchen, ist ein Plan voller Hoffnung auf ein Zusammenleben in ehelicher Ganzheit – ein Plan für eine vollkommene Ehe. Es muß ein Plan sein, der volle Erfüllung und Entfaltung für Mann und

Frau als Einzelpersonen und als Partner bietet, mit einer dynamischen Einheit des ehelichen Verhältnisses.

Durchsuchen Sie die Bibliotheken der Welt nach einem solchen Plan! Sie werden Ratschläge für Streitfälle, für Eheverträge, für freundliches Wetteifern und sogar für außergewöhnliche Umstände in einer Ehe finden. Die meisten dieser Empfehlungen sind einsichtig und können sogar zeitweilige Hilfe bieten. Aber keiner der Vorschläge zeigt eine eindeutige Strategie für Einheit.

Bis zum heutigen Tag gibt es nur einen einzigen Plan für die Einheit von Mann und Frau in der Ehe. Er wurde vor Jahrtausenden von einigen jüdischen Propheten und Lehrern in einem Zeitraum von etwa 1500 Jahren aufgeschrieben. Diese Männer, die von Gott inspiriert waren, zeichneten den Plan Gottes für den Menschen in dieser Welt auf. Darin findet sich auch der Plan für das Zusammenleben in einer Familie. Manche Menschen glauben nicht recht, daß die Bibel, die vor so langer Zeit in einem ganz anderen Kulturkreis geschrieben wurde, uns heute für unser Familienleben etwas Sachdienliches sagen kann. Selbst Christen, die der Bibel ja im ganzen positiv gegenüberstehen, erwarten von ihr in bezug auf das Eheleben nur theoretische Redensarten. Viele Menschen sind heutzutage schockiert, wenn sie die praktischen und positiven Hinweise und Belehrungen erkennen, die die Bibel uns modernen Menschen zu bieten hat. Der Plan für die Ehe kann grundsätzlich in der Gleichung zusammengefaßt werden: $1+1=1$. Es ist ein aufregender Prozeß, der einen Mann und eine Frau zu einer lebendigen, innigen Gemeinschaft zusammenwachsen läßt. Wir wollen ihn Plan B nennen. Dieses Buch legt dar, wie Plan B funktioniert.

Die Grundlage dieses aufregenden Plans ist in Teil I »Wettkampf oder Vervollständigung« erklärt. Gott erschuf die Erde und »sah, daß es gut war«. Nachdem er die Tiere erschaffen hatte, stellte er fest: »Es ist gut!« Dann machte er Adam und sagte: »Es ist nicht gut!« Welche bestürzende Feststellung auf dem Höhepunkt der Schöpfung Gottes. Hier war Adam, er hatte eine gute Arbeit, einen guten Arbeitgeber, herrliches grünes Gras vor seiner Tür. Er hatte alles, was sich ein Mann nur wünschen kann, selbst etwas, was heute kein Mensch besitzt – ein vollkommenes Verhältnis zu Gott. Trotzdem sagt Gott: »Es ist nicht gut! Es ist nicht gut, daß der Mensch allein sei! Ich will ihm eine Gehilfin machen!« Adam war allein, er war unvollkommen. Gott nimmt Adam in einen Prozeß, um ihn zu vervollkommnen. Dieser Prozeß dient zunächst dazu, in Adam ein Verständnis und eine Aufgeschlossenheit für Eva zu entwickeln – ihn zu befähigen, sie als Geschenk Gottes zu erkennen, das ihn vollkommen machen würde.

Innerhalb dieser Vollkommenheit oder Ganzheit gibt es zwei unterschiedliche Verantwortungen – die des Mannes als Haupt und die der Frau als Helferin. Teil II des Buches »Unabhängigkeit oder Abhängigkeit« versucht diese zwei schwierigsten Funktionen des Ehelebens zu erklären. Einer der Hauptfaktoren, die hinter Plan A stehen, ist das Mißverständnis dieser beiden Verantwortungsbereiche von Haupt und Helfer. Wegen diesem falschen Verständnis tritt der Mann seine Frau unter die Füße wie eine Fußmatte. Aber selbst in seiner diktatorischen Haltung empfindet er Unsicherheit über seine Identität in der Familie und einen Schmerz des Alleinseins.

Für diese Situation trifft den Mann nicht allein die Schuld. Meistens stößt ihn die Frau mit sanfter Gewalt aus dem Haus. Jetzt führt sie das Regiment – aber nur, um sich sehr bald überfordert und alleingelassen zu fühlen.

Das richtige Verständnis dieser Verantwortungen und in welcher Beziehung sie zueinander stehen, tragen wesentlich zur vollkommenen Ehe bei – zwei völlig erfüllte und zur vollkommenen Entfaltung kommende Individuen gewinnen Kraft aus ihrer dynamischen ehelichen Ganzheit.

In Teil III, mit der Überschrift »Narben oder Segnungen«, geht es um die Kommunikation. Liebe, Wohltun und Verständnis bilden die Grundlage jeglicher Gemeinschaft und sind in der Ehe ganz besonders wichtig. Wenn diese Elemente in eine scheinbar hoffnungslose Ehesituation aufgenommen werden, finden erstaunliche Veränderungen statt.

Eine hoffnungslose Lage wurde mir von einer Frau geschildert, deren Mann mit einer anderen Frau zusammenlebte und an jedem zweiten Wochenende zu seiner Ehefrau nach Hause kam. Nachdem sie mir ihre tragische Ehe beschrieben hatte, meinte sie: »Denken Sie nicht auch, daß ich allen Grund zur Scheidung habe?« Obwohl sie wütend und empört über die Handlungsweise ihres Mannes war, erkannte ich, daß sie ihn noch immer liebte. So fragte ich: »Ist es das, was Sie wirklich wollen, eine Scheidung?« Unter Tränen antwortete sie: »Was bleibt mir denn anderes übrig?« Wie so viele Menschen, sah sie keine Möglichkeit mehr. Sie hatte alle Hoffnung auf Besserung ihrer Ehe aufgegeben. Schlimmer konnte es nicht mehr werden. Ich erklärte ihr die Prinzipien von Liebe und Wohltun und wie sie vielleicht anfangen könnte, sie am kommenden Wochenende bei ihrem Mann anzuwenden. Der Hauptgrund, der ihn jedes zweite Wochenende nach Hause trieb, war das Verlangen, Fehlhaltungen seiner Frau aufzuzeigen, um seinen Ehebruch vor sich selbst zu rechtfertigen. Als sie ihn nun an diesem Wochenende mit Liebe und Wohltaten überschüttete, wurde es ihm sehr schwer, Punkte gegen sie zu sammeln. Und eigentlich hatte es ihm zu Hause gut gefallen. Er kam am nächsten Wochenende auch, um sich zu vergewissern, daß er nicht geträumt hatte; und nach drei Monaten zog er wieder ganz nach Hause. Er weiß bis heute nicht, was eigentlich geschehen ist. Die Macht der Liebe und dem anderen Gutes tun, öffnen die Türen der Kommunikation!

Dieses Handeln erfolgt in zwei Dimensionen, einer geistigen und einer physischen. Geistige Kommunikation ist der Ausdruck des Geistes (Laune, Gemütsverfassung), der hinter den gesprochenen Worten steht. Ein Mann kann nach Hause kommen und sagen: »Wo ist das Essen?« Diese Worte sind harmlos, aber sein Geist ist der bestimmende Faktor, der kundtut, was hier tatsächlich vermittelt werden soll. »Wo ist das Essen?« kann bedeuten: »Was hast du eigentlich den ganzen Tag getan, so daß jetzt nicht einmal das Essen auf dem Tisch steht?« Obwohl er nur fragte: »Wo ist das Essen?«, sagte er in Wirklichkeit viel mehr. Und das hat seine Frau auch verstanden; sie reagiert: »Was meinst du damit, was ich den ganzen Tag getan habe?« Er antwortet in aller Unschuld: »Alles, was ich sagte, war: ›Wo ist das Essen?‹« Nein, das war nicht alles, sein Geist vermittelte etwas anderes. Der Prophet Maleachi warnt uns davor, unseren Launen nachzugeben, andernfalls würden wir Ehekonflikte heraufbeschwören. Das Buch der Sprüche enthält einige ausgezeichnete Richtlinien für geistige Kommunikation, für wirkliches miteinander Reden.

Physische Kommunikation ist der innigste Ausdruck der vollkommenen Ehe. Zu lange sind Richtlinien und Informationen über das Sexualverhalten außerhalb der Wahrheit Gottes dargeboten worden. Gott und Sexualität werden sehr oft in Opposition zueinander dargestellt. Aber das ist eine falsche Sicht. Die Bibel sagt in fast jedem Buch etwas über die Geschlechtlichkeit, und zwei Bücher des Alten Testaments haben das sexuelle Verhältnis zum Thema. Die bedeutendste Illustration in der Bibel über das Verhältnis des Gläubigen zu Christus ist die sexuelle Einheit in der Ehe. Ein Vers aus dem mosaischen Gesetz wirft ein bezeichnendes Licht auf die Gedanken Gottes über die physische Kommunikation:

> »Wenn jemand sich kurz vorher eine Frau genommen hat, soll er nicht mit dem Heer ausziehen, und man soll ihm nichts auferlegen. Er soll frei in seinem Hause sein ein Jahr lang, daß er fröhlich sei mit seiner Frau, die er genommen hat« (5. Mose 24, 5).

Wir können hier nicht auf alles eingehen, was dieser Vers aussagt, aber eines ist sicher, »fröhlich sein mit seiner Frau« heißt nicht, ihr ein Jahr lang Scherze erzählen. Hier wird ganz klar von sexueller Freude und gegenseitiger Anpassung geredet.

Teil IV »Unordnung oder Plan« basiert auf 1. Mose 1 und zeigt den Sinn und Zweck von Gottes Plan. Warum die Ehe? Wenn jemand das Warum und Wie der ehelichen Einheit versteht, so wie Gott sie gewollt hat, dann ergibt sich Plan B ganz von selbst.

Gott hat die Familie geschaffen, und er weiß, wie seine Schöpfung funktioniert. Die vollkommene Ehe ist möglich bei richtigem Verständnis und fleißiger Anwendung der Regeln Gottes für das Eheleben – bei einem Leben nach Plan B.

I

Wettkampf oder Vervollständigung?

1 Pack' sie ein, ich nehme sie!

Die meisten Ehen haben zwei Dinge gemeinsam: die negative Reaktion auf die Fehler des Partners und die Bewertung des Partners nach Leistung.

Reaktionen auf die Fehler des Partners

Können Sie sich vorstellen, daß ein solches Ehepaar einen netten Abend zu Hause verbringt? Ich nicht! Jeder von ihnen ist in seiner Reaktion gegenüber dem anderen gefangen. Er ist ihrer angebrannten Gerichte überdrüssig, und sie wirft ihm Faulheit vor. Es ist so natürlich, die Schwächen des anderen herauszustreichen und zu tadeln, und so schwer, die guten Seiten zu bejahen und anzuerkennen.

In einem Bibelseminar für Eheleute versuchte ich vor Jahren etwas, was ich nie wieder tun werde. Den ersten Abend mit mir unbekannten Leuten eröffnete ich mit folgenden Worten: »Wir wollen unsere Arbeit damit beginnen, daß jeder Teilnehmer uns mitteilt, was er an seinem Partner besonders liebenswert findet.« Nach einigen Augenblicken betretener Stille stand ein Mann auf und sagte: »Ich habe das meiner Frau noch nie gesagt, aber ich schätze vor allem ihr beständiges, liebes Wesen zu Hause. Das bedeutet für mich sehr viel.« Seiner Frau kamen die Tränen, und sie begann nach einem Taschentuch zu suchen. Eine Frau teilte uns mit: »Ich glaube nicht, daß ich das meinem Mann je gesagt habe, aber ich liebe vor allem seine Verläßlichkeit und seine Zuversicht. Er schenkt mir eine so große Sicherheit.« Der Mann war davon so bewegt, daß er die Tränen kaum zurückhalten konnte. Einer nach dem anderen machte seine Mitteilungen. Und alle wurden so bewegt, daß man den Eindruck hatte, die litten plötzlich alle unter Heuschnupfen. Und sehr interessant war es, daß fast jedes Bekenntnis mit den gleichen Worten anfing: »Ich habe das meinem Partner noch nie erzählt, aber . . .« Warum unterlassen es die meisten Menschen, ihrem Partner etwas Aufmunterndes zu sagen? Das ist doch nicht natürlich!

Ebenso selbstverständlich wie wir auf die Schwächen des Partners reagieren, spannen wir ihn in den Zwang eines Leistungsprinzips ein. Jeder von uns trägt eine Liste mit sich herum, auf der auf der einen Seite die Schwächen des anderen verzeichnet sind und auf der anderen die Erwartungen, die wir in ihn setzen. Gewöhnlich entsteht diese Liste während der Verlobungszeit. Viele Menschen suchen in dieser Zeit Rat bei Freunden und Verwandten bezüglich der Eigenschaften, die sie an ihrem Partner gerne ändern möchten. Der allgemeine Bescheid, der ihnen gegeben wird, ist: Das renkt sich nachher alles schon ein! So erwarten beide zuversichtlich und sehnsüchtig den Hochzeitstag. Jeder legt seine Liste über die Veränderungen, die er bei dem anderen erwartet, mit der festen Überzeugung beiseite, daß alles schon in Ordnung kommen wird. Wenn die Flitterwochen dann vorbei sind, erleidet jeder einen Schock. Die Liste war unvollständig! Nicht nur hat der andere noch viel mehr Fehler, die er auf jeden Fall ablegen muß, sondern auch die Veränderungen der ursprünglichen Liste sind sehr spärlich.

Fehler und Erwartungen, beides ist bezeichnend für den *Konkurrenzkampf*, der genährt wird, indem beide Partner die Fehler des anderen und ihre eigenen Erwartungen ihm gegenüber aufzeichnen. Selbst die ganz normalen ehelichen Meinungsverschiedenheiten werden da sorgfältig registriert.

Ich fragte einmal ein Ehepaar, das im Laufe der Zeit viele Variationen in seinen Kämpfen entwickelt hatte (z. B. Lampen schmeißen), wie so ein hitziger Kampf gewöhnlich anfange. Die Frau sagte:»Am Anfang erinnere ich ihn nur daran, daß er . . .« Der Mann fiel ihr ins Wort: »Ja, und wenn sie das auftischt, dann erinnere ich sie daran, was sie tat, als . . .« – »Und wenn er darauf herumreitet, sage ich ihm, daß er damals . . .« – »Nein, das stimmt nicht! Du erzählst mir dann den Fall von . . .« – »O ja, das ist richtig!« Sehen Sie, was hier geschieht? Jeder weiß, was der andere sagen und in welcher Reihenfolge er die Dinge vorbringen wird. Jeder von ihnen hat seine Liste von Fehlern und Erwartungen sehr gut im Gedächtnis. Die einzige Veränderung liegt jeweils in der Länge der Liste und in der Hitze des Gefechts. Ich habe mich schon oft gefragt, warum die Leute ihre Argumente nicht aufschreiben. Jeder braucht dann nur die entsprechenden Gesichter zu schneiden und könnte eine Menge Energie sparen!

Der Konkurrenzkampf frißt an den Fundamenten der ehelichen Einheit. Seit die Welt durch Wettbewerb lebt, fällt sie immer wieder in diesen Kampf, der gewöhnlich nur wegen Erschöpfung beigelegt wird.

In meiner eigenen Ehe erlebte ich, daß wir uns allmählich von der anfänglichen Einheit entfernten. Es war, als ob jemand einen Keil zwischen meine Frau und mich treiben würde. Es entstand eine wachsende Distanz zwischen uns. Eines Tages fuhr ich mit einem Freund in dessen Auto. Er teilte mir einige Ansichten mit, die er in seiner Ehe gewonnen hatte. Im Laufe der Unterhaltung sagte er: »Ist es nicht fabelhaft, was 1. Mose 2 über die Ehe zu sagen hat?« Um meine eigene Unwissenheit zu verdecken, entgegnete ich: »O ja, diese Stelle macht die Dinge recht klar.« Sobald ich allein war, schlug ich die Bibel auf, um zu sehen, was in 1. Mose 2 über die Ehe geschrieben steht. Ich war überwältigt. Ich erkannte, daß ich bisher an dem Sinn meiner Ehe vorbeigelebt hatte.

Nach Gottes Plan sollten wir als Einheit funktionieren, aber ich hatte zerteilt und an Carol herumgeschnitten. Ich war in dem Machtkampf gefangen gewesen. Als ich endlich verstand, was ich bisher getan hatte, ging ich zu meiner Frau und gestand ihr meinen falschen Weg. Ich sagte ihr, daß ich sie brauche, daß ich sie liebe, und bat sie, mir zu vergeben, daß ich sie in dem Konkurrenzkampf bisher immer zur Seite geschoben hatte. Carol hatte einen anstrengenden Tag hinter sich und machte nicht den Eindruck, als ob sie meiner Rede sehr viel Glauben schenken würde. Etwas später kam ich noch einmal darauf zu sprechen und schüttete ihr mein ganzes Herz aus. Nach diesem tränenreichen Geschehen ist unsere Ehe nie wieder die alte gewesen.

Der Plan Gottes für die Ehe hat immer damit zu tun, den Partner zu vervollkommnen und nicht, mit ihm zu wetteifern. Vervollkommnung, Vollendung war das Ziel Gottes mit Adam schon ehe er ihm Eva zuführte. Gott unternahm eine ganze Menge (siehe 1. Mose 2), um Adam zu zeigen, daß er eine Gehilfin brauchte, die ihn vervollkommnen würde, damit beide zusammen das Bild Gottes in ihrer Ehe reflektieren könnten.

Um zu erkennen, daß man seinen Partner zur eigenen Vollendung braucht, muß man sich selbst Gott und seinem Prozeß der Vervollkommnung unterwerfen. Das heißt, man muß dem Beispiel Adams folgen, sich dem biblischen Prinzip für die Ehe unterordnen und sich über das Ergebnis freuen.

Das Beispiel Adams

»Und Gott der Herr sprach: Es ist nicht gut, daß der Mensch allein sei. Ich will ihm eine Hilfe schaffen, die zu ihm paßt« (1. Mose 2, 18). Es ist wichtig, daß wir den Hintergrund dieser Stelle verstehen. Gott hatte die Erschaffung abgeschlossen, mit Ausnahme der Krone seiner Schöpfung – des Menschen. Nachdem Gott die Erde geschaffen hatte, sah er, daß es gut war. Dann schuf er die Pflanzen und sah, daß es gut war. Danach kamen die Tiere, und wieder stellte er fest, daß es gut war. Aber nachdem er den Menschen gemacht hatte, sprach Gott: »Es ist nicht gut!« Was war nicht gut? War Adam nicht meisterhaft erschaffen? Hatte er nicht eine wundervolle Aufgabe und den allmächtigen Gott zum Arbeitgeber? Lebte er nicht mit dem Schöpfer des Universums in völliger Harmonie? Trotz allem bezeichnete Gott die Situation als nicht gut: »Es ist nicht gut, daß der Mensch allein sei.«

Allein war Adam nicht fähig, das Bild Gottes widerzuspiegeln, Kinder für Gott zu zeugen und im geistlichen Kampf zu herrschen. Adam war unvollendet. Deshalb folgt auf die Feststellung Gottes gleich die Lösung: »Ich will ihm eine Gehilfin schaffen, die zu ihm paßt.« Gott wollte ihm eine Hilfe machen, die ihn ergänzen, vervollständigen sollte, die ihm helfen sollte, Gottes Bild zu reflektieren, Kinder für Gott zu zeugen und zu regieren. Ohne diese Hilfe war Adam allein unvollständig!

Um dem Beispiel oder dem Muster Adams zu folgen, müssen Sie Ihr Problem erkennen: Sie sind allein! Sie können weder reflektieren noch produzieren, noch so regieren, wie Gott das vorgesehen hat, denn er schuf Mann und Frau, um als Ganzes zu funktionieren.

Einsamkeit ist mehr, als die Unfähigkeit zu reflektieren, zu produzieren und zu regieren. Genau genommen sind Sie in dem Maße allein, wie Ihr Partner Ihren Wünschen und Zielen, Ihren Bestrebungen und Nöten nicht gerecht wird. Es besteht die Notwendigkeit, Gefühle mitzuteilen. Ist es Ihnen nie passiert, daß Sie voller Begeisterung Ihre Gedanken mitteilen wollen, und Ihr Partner sagt Ihnen: »Das ist lächerlich!«, oder: »Denkst du eigentlich niemals nach, ehe du mit solchen Ideen ankommst?« Soweit wie Ihr Partner den Bedürfnissen Ihres Gefühls nicht entspricht, sind Sie allein. Es ist notwendig, in Schwierigkeiten zusammenzuhalten. In den meisten Ehen ist der Machtkampf jedoch so vorherrschend, daß die Eheleute, statt zusammenzuhalten, sich gegenseitig die Schuld zuschieben. Es gibt geistige und physische Bedürfnisse. Und soweit wie Ihr Partner diesen Bedürfnissen nicht entspricht, sind Sie allein.

Die Furcht vor Einsamkeit durchdringt alle Gesellschaftsschichten, unabhängig von Alter und finanzieller Stellung. Wir wollen uns hier einmal mit einem Paar beschäftigen, das unter dieser Situation leidet.

»Jean und ich heirateten vor drei Jahren, während meines letzten Jahres auf der Ingenieurschule. Wir haben ständig diese kleinen Streitereien, die mich einfach stören. Zum Beispiel: Sie hat mein Studium für ein Jahr finanziert. Nachdem sie danach noch zwei Jahre weitergearbeitet hat, will sie jetzt eine Familie haben. Sie ist 24 und ich 26. Wir können aber zum jetzigen Zeitpunkt keine Kinder haben, da ich noch zwei Jahre brauche, um finanziell so gesichert zu sein, daß ich die Verantwortung für sie übernehmen kann. Sie kann nicht verstehen, was ich alles tun muß, um uns auf eine Familie vorzubereiten.«

Soweit Carl. Jetzt kommt Jean, seit drei Jahren seine Frau; sie sagt: »Carl, Geld ist nicht so wichtig wie unser Glück, und ich will nicht warten, bis ich 26 bin, um ein Baby zu haben.«

Hier ist also ein Ehepaar mit wirklichen Problemen. Ihre Ehe ist nicht am Auseinanderbrechen, aber die Dinge laufen nicht so, wie sie es sich wünschen.

Hinzu kommen noch einige andere Klagen. Er meint, daß sie zuviel nörgelt wegen seinen herumliegenden Kleidern, dem Müll und Dingen, die in der Wohnung repariert werden müssen.

Jean sagt: »Ich bin schließlich keine Magd! Oder? Wir *beide* wohnen hier, und ich sollte wohl nicht die einzige sein, die einen Finger krumm macht, um die Wohnung in Ordnung zu halten. Vergiß nicht, daß ich auch eine Ganztagsarbeit habe!«

Carl fügt hinzu: »Ja, richtig! Und diese Arbeit scheint dich sehr müde zu machen, vor allem abends, wenn man sich im Bett aneinander erfreuen sollte. Ich weiß nicht! Ich versuche mein Bestes, um etwas in Gang zu bringen – aber du bist zu müde.« Das soll einen dann noch motivieren. Ich werde selbst allmählich etwas desinteressiert. Wie oft habe ich schon gedacht: *Ich wünschte, sie würde wenigstens etwas Interesse zeigen, um Freude an Sex zu gewinnen. Sie wartet immer auf mich, daß ich anfange. Ich wünschte, sie würde einmal selbst die Initiative ergreifen.*

Obwohl auf anderen Gebieten ihre persönlichen Wünsche erfüllt wurden, vermißten doch beide etwas. Beide wollten mehr, als sie erlangten.

Viele Situationen meisterten sie gut zusammen, aber sie waren sich nicht *nahe*. Sie waren sich nicht so nahe, wie vor ihrer Hochzeit und schon gar nicht so nahe, wie sie sich das in der Ehe erhofft hatten.

Jean sagt: »Irgendwie habe ich das Gefühl, als ob wir uns nicht einmal berührten. Freundlichkeit und Zärtlichkeit sind selten. Wir sind sehr beschäftigt, aber selbst wenn wir zusammen sind und versuchen, miteinander zu reden, ist da eine unsichtbare Wand zwischen uns, von der unsere Worte abprallen. Wir sind zusammen im gleichen Raum, aber wir sind so allein!«

Wo Ihr Partner Ihren Nöten nicht gerecht wird, sind Sie allein!

Um dem Beispiel Adams zu folgen, müssen Sie erkennen, daß nur Ihr Partner die vollkommene Lösung für Ihr Problem ist. Nachdem Gott Adams Situation für nicht gut befunden hatte, ging er daran, eine Gehilfin für Adam zu finden. Auf dieser Suche nach einer Hilfe brachte Gott alle Tiere der Erde zu Adam, und Adam sah sie sich an und gab ihnen Namen. »Da bildete Gott, der Herr, aus Erde alle Tiere des Feldes und alle Vögel des Himmels und brachte sie zu dem Menschen, um zu sehen, wie er sie nennen würde; und ganz wie der Mensch sie nennen würde, so sollten sie heißen. Und der Mensch gab allem Vieh und allen Vögeln des Himmels und allen Tieren des Feldes Namen; aber für den Menschen fand er keine Hilfe, die zu ihm paßte« (1. Mose 2, 19–20).

Warum ließ Gott alle Tiere vor Adam aufmarschieren, ehe er ihm eine Frau gab? Vor allem, um Adam seine Unfertigkeit zu demonstrieren und um ihm einen Sinn der Wertschätzung für die Frau zu geben, die er ihm zuführen würde. Gott wollte Adam zeigen, daß es kein anderes Geschöpf gab, das seiner Situation gerecht werden würde – nur seine Partnerin Eva.

Nachdem Adam durch die Namensgebung der Tiere seine Einsamkeit erfahren hatte, erschuf Gott die einzige Kreatur, die seiner Unvollkommenheit abhelfen konnte – die Frau.

»Da ließ Gott der Herr einen Tiefschlaf auf den Menschen fallen, so daß er einschlief. Und er nahm eine von seinen Rippen heraus und schloß die Stelle zu mit Fleisch. Und Gott der Herr baute ein Weib aus der Rippe, die er vom Menschen genommen hatte, und führte sie dem Menschen zu« (1. Mose 2, 21–22).

Da Gott die Frau aus einer Rippe Adams schuf, ist die Frau ein Teil des Mannes und ihm gleich. Die Tatsache, daß sie nicht weniger ist als der Mann, ist sehr wichtig; auch wurde sie nicht als Anhängsel geschaffen. Sie wurde aus einer Rippe Adams gebaut und nicht aus Erde. Sie ist ein lebendiger Teil von Gottes ursprünglichem Plan.

Adam brauchte Ergänzung. Diesem Mangel half Gott durch Eva ab. Sie empfinden einen Mangel? Sie allein? Nur Ihr Partner kann diesem Mangel abhelfen. Sie müssen erkennen, daß nach Gottes Fürsorge nur Ihr Partner die Lösung dieses Problems ist. Das heißt nicht, daß sie überhaupt keinen anderen Menschen brauchen, aber doch, daß die eheliche Gemeinschaft einzig ist, daß sie Ihnen eine Vervollkommnung bietet, wie es keine andere Verbindung kann.

Um dem Beispiel Adams zu folgen, müssen Sie ihrem Partner sagen, daß er Ihnen von Gott gegeben ist, um Sie zu vervollkommnen. Als Adam aus seinem Schlaf erwachte und Eva zum erstenmal sah, war er begeistert:

»Dies ist nun endlich Gebein von meinem Gebein und Fleisch von meinem Fleisch. Die soll Männin heißen; denn vom Mann ist sie genommen« (1. Mose 2, 23).

Das klingt zwar nicht sehr begeistert, aber wir haben hier ein Problem mit der Übersetzung der Redewendung: »Dies ist nun.« Das hebräische Wort, das hier gebraucht wird, ist ein Ausruf, der höchste Freude und Begeisterung ausdrückt, ein Ausruf, in den jemand ausbricht, der plötzlich etwas findet, was er schon lange vergeblich gesucht hat. Adam war hell begeistert, er war entzückt!

Jede Ehe beginnt mit der Erwartung kommender glücklicher Tage. Die Erregung des Hochzeitstages und die Begeisterung der Flitterwochen verheißen dem Paar ein glückliches gemeinsames Leben. Leider verfliegt die Begeisterung oft schnell, und Klagen und Murren treten an ihre Stelle. Aber nach der Absicht Gottes sollte die Freude und das Entzücken der Ehepartner aneinander nicht vergehen.

Was ist also geschehen? Was verkehrt die Begeisterung in Seufzen und Klagen? Erinnern Sie sich an die Liste aus der Verlobungszeit, an die Dinge, die sich ändern sollten? Nach einer kurzen oder längeren Zeit wird jeder Partner mit der Wirklichkeit konfrontiert, und die heißt: Die Liste war unvollständig, und die bisherigen Veränderungen sind unerheblich. Jeder erkennt, daß er die schon bekannten Fehler des Partners nicht ändern kann und entdeckt neue Fehler. Die ständig gegenwärtige Erkenntnis der existierenden Fehler besiegt die Freude am Partner.

Als Gott Adam seine Frau zuführte, lesen wir nichts davon, daß er etwas an ihr auszusetzen hatte. Wie kommt es, daß Adam anders reagierte, als wir es gewöhnlich tun? Ich denke, Adam erkannte etwas, was wir heute meistens vergessen: Hätte er Eva in irgendeiner Weise zurückgewiesen, so hätte er damit Gott abgewiesen; denn Gott hatte sie ihm gegeben, um ihn zu vollenden. So wie Adam müssen auch Sie Ihren Partner als Ihre eigene Vervollkommnung annehmen, statt ihn als Konkurrent, als Hindernis zu Ihrem Glück abzulehnen. Ihren Partner in irgendeiner Weise abzulehnen, bedeutet gleichzeitig, Gott und seinen Plan abzulehnen.

2 Werfen Sie Ihr Feigenblatt weg

Nach der Beschreibung, wie Adam seine Frau von Gott empfangen hat, spricht Mose nun von dem Prozeß der Vollendung:

»Darum verläßt der Mann Vater und Mutter und hängt seinem Weibe an, und sie werden *ein* Leib« (1. Mose 2, 24).

Unterwerfung unter die biblischen Prinzipien

Drei Hauptregeln der Ehe werden hier genannt – *verlassen, anhängen, ein Leib sein.*

Verlassen beschreibt den Grundsatz der Trennung – etwas aufgeben, preisgeben ohne Widerruf. Vater und Mutter verlassen bedeutet, die Abhängigkeit von den Eltern aufgeben. Als eine Frau mir einmal einige heiße Auseinandersetzungen mit ihrem Mann schilderte, bezog sie sich dabei wiederholt auf ihre Mutter. Ich fragte sie: »Lebt Ihre Mutter mit Ihnen zusammen?« – »O nein, sie wohnt fünfzig Kilometer von hier entfernt«, war die Antwort. »Was hat sie denn dann mit der ganzen Angelegenheit zu tun, und wie weiß sie davon?« – «Sehr einfach! Ich rufe sie an, und sie kommt her.« Wirklich sehr einfach. Zur Mutter zurücklaufen zerstört die Einheit in der Ehe.

Vater und Mutter verlassen ist eine Haltung, die nicht notwendigerweise eine geographische Veränderung bedeutet. In der patriarchalischen Kultur des Alten Testaments lebten die jung verheirateten Kinder oft mit den Eltern des einen Partners zusammen. Sie entfernten sich nicht geographisch, sondern ihr Verhältnis zu den Eltern wurde geändert. Ein Mann und seine Frau sollen die Eltern nicht zurückweisen oder verächtlich behandeln. Es ist wichtig, in welcher Weise man die Eltern verläßt, nämlich mit ihrem Segen (Spr. 1, 8 u. 4, 1). An die Stelle des Gehorsams tritt die Ehrerbietung. Abhängige Kinder sollen ihren Eltern gehorsam sein. Jeder soll seine Eltern ehren.

Anhängen ist eine Angelegenheit von Dauer – so aneinanderhängen, als ob man zusammengeleimt sei – »zusammenhängen wie Pech und Schwefel«. Das Wort steht in der Passivform und muß von einem anderen vorgenommen werden. Und wer vollzieht das »Zusammenleimen«? Aus Matthäus 19, 5–6 geht klar hervor, daß Gott es tut. ». . . Was nun Gott zusammengefügt hat, soll der Mensch nicht scheiden.« Wenn Sie sich also für das »Zusammenhängen« entschließen, werden Sie von Gott an Ihren Partner gebunden, der jetzt fähig ist, das Bild Gottes in Ihrem Leben zu vervollständigen. Gott will die Schwächen und Stärken jedes Partners so formen, daß sein eigenes Bild voll reflektiert wird. Das kann nicht durch Konkurrenzkampf geschehen, sondern einzig und allein durch Vervollkommnung.

Manche Leute glauben, daß Gott eines Morgens aufwachte und schockiert feststellen mußte, daß seine Menschen in der Nacht vorher geheiratet hatten. Gott war nicht schockiert, als Sie heirateten. Er ist maßgeblich an dem Prozeß Ihrer Vollendung beteiligt. Er ist ganz und gar für die Gleichung $1+1=1$ – ein Mann plus eine Frau ergeben für immer eine wundervolle Einheit. Selbst wenn Sie meinen, Sie hätten mit Ihrer Ehe einen Fehler begangen, arbeitet Gott an dem Fortgang Ihrer Vollendung. Aus manchen Verbindungen mögen sich aus vielerlei Gründen mehr Schwierigkeiten ergeben als aus anderen, aber das hebt Gottes Vorsatz der Vervollkommnung in der ehelichen Gemeinschaft nicht auf.

Ein Leib ist das Prinzip der Intimität. Die Einheit als Resultat von Verlassen und Anhängen muß ohne Hemmungen zum Ausdruck kommen:

»Und die beiden, der Mensch und sein Weib, waren nackt und schämten sich nicht« (1. Mose 2, 25).

Das ist nicht einfach eine Beschreibung von zwei Leuten, die nichts anhatten. Hier wird vielmehr gezeigt, daß die Ehe zwei Menschen in enger, uneingeschränkter Einheit verbindet, selbst bis zum intimsten Verhältnis – der körperlichen totalen Kommunikation.

Freude an dem Produkt

Das Ergebnis der Unterwerfung unter den Vorgang der Vervollkommnung statt des Konkurrenzkampfes ist bedeutend. Vor allem sind wir von der negativen Reaktion auf die Fehler des Partners befreit.

Man braucht nicht lange verheiratet zu sein, um zu merken, daß man mit einer Person zusammengebunden ist, die eine Menge großer Fehler aufzuweisen hat. Während der Zeit des Werbens bemerkt man sie nicht; am Anfang der Ehe schaut man darüber hinweg; aber dann werden sie allmählich untragbar.

Ich denke an eine Frau, die zunehmende Enttäuschung und Verbitterung in ihrem Leben erfuhr, hervorgerufen durch die Fehler und Schwächen ihres Ehemannes. Als Beispiel der Situation will ich einen ihrer typischen Tage schildern, wie ihn viele andere Frauen auch kennen.

Sie steht am Morgen zuerst auf, um die Kinder zu versorgen, während er noch eine halbe Stunde im Bett liegt. So ärgert sie sich schon am frühen Morgen über seine Faulheit und denkt bei sich selbst: Es ist immer *er,* wenn wir Besuch haben, und immer *ich,* wenn es um das Frühstück geht.

Endlich fällt er aus dem Bett, und nun muß alles im Eiltempo gehen: Im Bad fliegen die Sachen durcheinander, das Frühstück muß hinuntergeschlungen und dabei noch schnell der Sportteil der Zeitung überflogen werden, ein eiliges Tschüs, und die Tür fliegt hinter ihm zu.

Nun haben ihre Probleme erst wirklich begonnen: Sie fängt an, hinter ihm her aufzuräumen. Vom Schlafzimmer zum Bad und bis zur Wohnungstür markieren Socken, Unterwäsche, nasse Handtücher, Morgenrock und Zeitung seinen Weg. Nachdem sie seinen Pfad entlang die Gegenstände aufgelesen hat, muß das Bad gereinigt werden. Sie läßt sein Badewasser auslaufen, fischt die Seife aus dem Wasser und säubert die Wanne. Das Seifenwasser ist nicht nur um die Wanne herum verspritzt, sondern überall an der Wand und dem Spiegel. Sie putzt alles wieder blank, räumt Rasierapparat, Deodorant, Zahnbürste und Zahnpasta, Kamm und Haarspray an ihren Platz.

Inzwischen haben die Kinder im Wohnzimmer alles auf den Kopf gestellt. Der Vormittag ist halb vergangen, und sie fängt an zu begreifen, daß der Kerl, von dem sie meinte, er sei der ideale Ehemann, ihr allmählich zum Alptraum wird.

Der Tag geht weiter. Am Abend kommt der Mann dreiviertel Stunden zu spät nach Hause. Er schlingt sein Essen hinunter, für das sie drei Stunden Zubereitungszeit gebraucht hat, und begibt sich zum Fernseher, um das Fußballspiel anzuschauen. Sie badet die Kinder, bringt sie zu Bett und fängt an, das Geschirr zu spülen. Dabei fragt sie sich, zu was eine Frau eigentlich auf der Welt ist. Er verdient das Geld, sie sorgt für das Haus – zwei getrennte Wege.

Anwendung des göttlichen Prinzips? Wenn Sie erkennen, daß Gott die Einheit von Mann und Frau herbeiführen kann (trotz aller Fehler), dann sind Sie befreit von der gewöhnlich geübten trennenden Reaktion gegen Ihren Partner. Betrachten Sie die Fehler Ihres Partners als Werkzeug Gottes. Wenn Sie den Plan Gottes akzeptieren, ist Ihr Partner frei von dem Gefühl, daß er nach seinem Benehmen bewertet wird. Wenn Sie Ihren Partner als Geschenk Gottes annehmen, durch das Sie selbst vollendet werden sollen, entlassen Sie ihn aus dem Leistungsprinzip, Sie behandeln ihn nicht mehr als Gegenspieler.

Durch das Leistungsprinzip entsteht ein Gefühl der Unfähigkeit. Handelt man dagegen nach dem Grundsatz der Vervollkommnung, so bewirkt das in dem Partner eine Veränderung ohne nörgeln und keifen.

Zwei Eheleute, die in ständigem Zank und Streit lebten, kamen zu mir und baten mich um Hilfe. Ihre hitzigen Auseinandersetzungen gipfelten meistens in gegenseitigem Bewerfen mit Einrichtungsgegenständen. Der Mann machte nicht den Eindruck, als sei er sehr offen für ein Gespräch. So bat ich ihn, in einem Nebenzimmer zu warten. Ich fragte die Frau, wann alles seinen Anfang genommen habe. Sie sagte: »Vor etwa drei Monaten bemerkte ich, daß er selten rechtzeitig nach Hause kam, deshalb stellte ich eine Regel auf.« Ich wußte, daß ich gleich hier einhaken mußte und erkundigte mich nach der Regel. Ich erhielt folgende Antwort: »Ich sagte ihm, wenn er um halb sechs nicht zu Hause sei, bekäme er kein Abendbrot!« Was geschah? Natürlich war er während der letzten drei Monate nicht ein einziges Mal zu der festgesetzten Zeit nach Hause gekommen. Ich fragte die Frau, ob sie nach den Erfahrungen der drei Monate der Meinung sei, daß ihre Methode funktionieren könnte. Sie antwortete mir etwas nervös: »Ich habe nie darüber nachgedacht.«

Dieses Ehepaar führte einen Konkurrenzkampf, indem jeder Partner Buch führte über die eigenen Rechte und die Fehler des anderen. Sie sagte: »Ich habe ein Anrecht darauf, daß du zu vernünftiger Zeit am Abend nach Hause kommst!« Spielstand: 1:0 für sie. Um die Schlappe auszugleichen, argumentierte der Mann: »Und ich habe das Recht, so lange wegzubleiben, wie ich will und sogar besser zu essen als zu Hause!« Peng! 1:1!

Ich erklärte der Frau das Konzept der Vervollkommnung. Die logische Anwendung des Prinzips bedeutete für sie, ihre aufgestellte Regel aufzugeben. Ich schlug ihr vor, Ihrem Mann zu sagen, daß er zu beliebiger Zeit nach Hause kommen könne, sie würde ihm trotzdem die beste Mahlzeit bereiten. Das war sehr viel von ihr verlangt. Aber sie tat es. In den darauffolgenden Wochen kam der Mann pünktlich um halb sechs nach Hause. Nachdem er erkannte, daß ich mit diesem Gang der Dinge etwas zu tun hatte, rief er mich an einem Abend genau um 17.30 Uhr an. Er sagte nur: »Ich bin zu Hause« und legte den Hörer auf. Diese Frau erlebte eine große Wandlung im Verhalten ihres Mannes, nachdem sie angefangen hatte, nach dem Prinzip der gegenseitigen Hilfe und Vollendung zu handeln.

Schritte zur Vervollkommnung

Was ich hier sage, sind nur Vorschläge zu entsprechendem Handeln. Die Bibel zeigt nur wenige Einzelschritte auf, sie präsentiert eher das Prinzip, das absolut ist. Die Anwendung des absoluten Prinzips kann von Person zu Person und von Fall zu Fall verschieden sein. Sie können die folgenden Vorschläge völlig ablehnen oder sie als Ihre eigenen akzeptieren. Aber was immer Sie tun, Sie müssen versuchen, das Prinzip der Vollendung, der Vervollständigung anzuwenden.

Die tatsächlichen oder scheinbaren Fehler Ihres Partners sind Werkzeuge in Gottes Hand, um Sie als Ehepaar zur vollen Entfaltung und zum Widerspiegeln des Bildes Gottes zu bringen. Wenn Sie eine Eigenschaft Ihres Partners als Fehler oder Schwäche bezeichnen, so ist das ein Werturteil. In Wirklichkeit mag es vielleicht gar kein Fehler sein. Aber ganz unabhängig davon, ist Gott vor allem an Ihrer Reaktion auf diese Eigenschaft interessiert. Jakobus sagt: »Achtet es für lauter Freude, meine Brüder, wenn ihr in mancherlei Versuchung geratet, und erkennet, daß die Erprobung eures Glaubens Geduld wirkt« (Jak. 1, 2–3). Jakobus macht keine Aussage über die Ursache der Versuchung oder Anfechtung, aber er äußert sich ganz unmißverständlich über das von uns erwartete Verhalten. In Lukas 6, 29 fordert Jesus von seinen Anhängern: »Wer dich auf die eine Backe schlägt, dem biete die andere auch dar.« Unsere natürliche Reaktion auf einen Schlag ist: »Wer war das?« Aber das hat für uns eigentlich wenig Bedeutung, denn Gott wird den Missetäter zur Rechenschaft ziehen. Unsere Aufgabe ist es, auf den Schlag nach dem Willen Gottes zu reagieren.

Schritt 1: Schreiben Sie bitte, wenn Sie alleine sind, auf ein Stück Papier die Stärken Ihres Ehepartners auf eine Seite und auf die andere seine Schwächen. Dann verzeichnen Sie Ihr entsprechendes Verhalten. Es ist so leicht, auf die Fehler des anderen zu zeigen, und so schwer, die eigenen zu erkennen. Jesus hält uns in Matthäus 7, 3–5 einen Spiegel vor:

»Was siehst du aber den Splitter in deines Bruders (Partners) Auge und wirst nicht gewahr des Balkens in deinem Auge? Oder wie darfst du sagen zu deinem Bruder (Partner): Halt, ich will dir den Splitter aus deinem Auge ziehen? Und siehe, ein Balken ist in deinem Auge? Du Heuchler, zieh zuerst den Balken aus deinem Auge; und dann wirst du klar sehen, um den Splitter aus deines Bruders (Partners) Auge zu ziehen.«

Satan sagt: Schau dir nur diesen groben Fehler an! Wie kannst du glauben, daß er dich noch liebt, wenn er so etwas tun kann?

Gott sagt: Sieh nicht auf den Fehler. Sieh auf mich und reagiere richtig. Des schwachen Punktes werde ich mich annehmen.

Ein Ehepaar besuchte mich und erwartete Rat von mir. Nachdem ich mir die Schilderung ihrer Probleme angehört hatte, erkannte ich, daß ich Jane die einzelnen Schritte zur Einheit mit ihrem Mann würde führen müssen. Ich begann mit der Frage nach den starken Seiten ihres Mannes.

»Er hat keine«, war ihre prompte Antwort.

»Aber, Jane, etwas an ihm muß Sie doch angezogen haben, da Sie ihn geheiratet haben!«

»Deshalb bin ich ja hier. Ich weiß nicht, warum ich ihn geheiratet habe.«

Ich versuchte, sie durch alle möglichen Fragen auf die positiven Eigenschaften ihres Mannes zu bringen. Endlich fand ich etwas, als ich mich erkundigte, ob ihr Mann ihr Geld gebe. Sie nannte mir eine Summe, die höher war als mein derzeitiges monatliches Einkommen.

Erfreut stellte ich fest: »Na also, da haben wir schon einen positiven Aspekt, ihr Mann gibt Ihnen reichlich Geld.« Da aber eine Liste aus mehr als einem Punkt besteht, setzte ich meine Bemühungen fort und fragte sie, ob sie einen eigenen Wagen habe.

Sie kicherte und erzählte: »Zu meinem letzten Geburtstag hat mir Bob einen neuen Eldorado geschenkt.«

»Er macht Geschenke. Das ist eine weitere starke Seite Ihres Mannes«, bemerkte ich mit Genugtuung. Wir hatten zwar keine lange Liste, aber immerhin einen Anfang.

Als ich mich nach Bobs Fehlern erkundigte, hellte sich ihr Gesicht merklich auf. Deswegen war sie ja hergekommen. Seine größte Schwäche sei das Essen. Sie sagte: »Alles, was er tut, ist essen, essen, essen! Er wiegt 245 Pfund und nimmt ständig zu!« Die zweite Anklage war: »Er beachtet mich nicht. Wenn er abends nach Hause kommt, geht er sofort zum Telefon. Er nimmt meine Existenz in keiner Weise zur Kenntnis.« Der dritte von Bobs Fehlern war interessant. Jane berichtete: »Mein Mann ist Christ, aber manchmal wird er so verrückt, daß er mich verwünscht und verflucht.«

Sie wollte mir noch viele Fehler ihres Mannes berichten, aber ich ermunterte sie, zum nächsten Punkt, zu ihren eigenen Fehlreaktionen zu kommen. Ich fragte: »Was machen Sie falsch, wenn Ihr Mann so handelt?« Sie schaute mich verdutzt an. Es ging offensichtlich über ihr Verständnis, daß sie mit ihrer Reaktion auf die Fehler ihres Mannes verkehrt liegen sollte. Auf diese Weise kam ich also nicht weiter, so formulierte ich meine nächste Frage etwas anders: »Was tun Sie, Jane, wenn Ihr Mann so schreckliche Dinge tut?« Sie erzählte mir dann, sie habe ein gutes Talent. Das sei ihre Wortgewandtheit. Wenn ihr Mann so viel äße, würde sie ihn mit ihren Worten total fertigmachen.

Ich fragte: »Und was tun Sie, wenn er Sie nicht beachtet?«

»Ich beachte ihn auch nicht!«

»Und wenn er Sie verflucht?«

»Ich verfluche ihn auch!«

An dieser Stelle fiel mir meine eigene Liste ein, die ich einmal am Anfang meiner Ehe gemacht hatte. Ich entdeckte einige interessante Dinge. Nachdem ich die positiven Eigenschaften meiner Frau durchgegangen war, schaute ich mir ihre Mängel an. Nur ein Fehler starrte mir entgegen: Meine Frau ist langsam! Ich meine *langsam!!*

Wenn wir irgendwo zum Essen eingeladen sind, geht es vorher zu Hause immer sehr hektisch zu. Ich bereite mich vor, indem ich mir überlege, was im Laufe des Abends zu erwarten sei. Wenn es Zeit zum Aufbruch ist, stelle ich mich neben die Eingangstür und rufe zurück in die Wohnung: »Bist du fertig?« Carol erscheint im Gang zum Schlafzimmer und ist alles andere als fertig. Sie verschwindet wieder und macht sich weiterhin fertig für den Abend. Wenn es später und später wird, kommt meine »geistliche Gabe« für Sarkasmus und schneidende Bemerkungen zum Vorschein. Ich rufe meiner Frau zu: »Liebling, laß mich anrufen und ihnen sagen, daß wir zum Nachtisch kommen! Oder?« Mit dieser Bemerkung erreiche ich eine Reaktion ihrerseits. Aber nach einer Weile wächst aus dem Wortgefecht eisiges Schweigen. Gespannte Atmosphäre im Wagen. Während der ganzen Fahrt sind nur Seufzer zu hören, die dem anderen zeigen, daß man noch kocht. Wenn wir schließlich mit einer halben Stunde Verspätung ankommen, müssen wir so tun, als sei nichts geschehen. Ich öffne Carol die Autotür, und wir beide setzen unser Plastiklächeln auf, aber reden immer noch kein Wort. Wenn wir an der Tür mit einem herzlichen »Wie geht es Ihnen«, begrüßt werden, antworten wir beide wie aus einem Mund: »Oh, gut. Es könnte gar nicht besser gehen!«

Schritt 2: Bekennen Sie Gott Ihr falsches Handeln. Um Jane klarzumachen, daß ihre Reaktionen auf Bobs Fehlhaltungen falsch sind, setzte ich über diese Spalte das Wort Sünde. Ich dachte, sie hätte verstanden, und forderte sie zu gemeinsamem Beten auf. Ich fing an mit dem Gebet, und sie fuhr fort. Sie betete für ihre Schwester, die als Missionarin in Afrika tätig war. Nach einigen weiteren netten Sätzen unterbrach ich unser gemeinsames Gebet. Ich sagte: »Jane, der Sinn unseres Betens ist der, daß Sie Ihr falsches Verhalten auf die Schwächen Ihres Mannes vor Gott bekennen.« Es war, als ob wir versuchten, ein Flugzeug zu landen, aber es klappte nicht. Wir kreisten eine lange Zeit über der Landebahn. Aber schließlich überwand sie sich. Sie bekannte Gott ihr falsches Benehmen und erkannte dadurch, daß mindestens die Hälfte ihrer gemeinsamen Probleme auf ihr eigenes Konto ging. Sie war in Wahrheit traurig darüber.

Schritt 3: Danken Sie Gott für Ihren Partner, vor allem für die Eigenschaften an ihm, die Sie gar nicht lieben.

Ich las Jane 1. Thessalonicher 5, 18 vor: »Seid dankbar in allen Dingen; denn das ist der Wille Gottes in Christus Jesus an euch.« Dieser Vers sagt nicht, daß wir mit Dankbarkeit erfüllt sein sollen, wenn uns jemand Böses zufügt. Gott fordert kein Gefühl der Dankbarkeit, sondern er befiehlt zu danken, und zwar für alles, auch wenn wir uns nicht danach fühlen. Und warum? Weil Gott selbst aus den widrigen Umständen unseres Lebens etwas Gutes werden läßt (siehe Röm. 8, 28).

Jane fragte: »Sie meinen, ich soll Gott danken für Bobs unmäßiges Essen?« – »Ja! Und was noch schwerer ist, auch für seine Heftigkeit und seine Gleichgültigkeit Ihnen gegenüber.« Wir bestiegen wieder unser Flugzeug und kreisten noch viel länger als vorher – wir beteten für alles Mögliche in der Welt. Aber endlich hatte Jane sich durchgerungen. Sie dankte Gott ehrlichen Herzens für ihren Mann und ganz besonders für seine Fehler. Der Nebel in ihrem Denken begann, sich zu lichten, und sie fing an, ihren Mann als die Vervollständigung ihrer eigenen Persönlichkeit zu sehen und nicht mehr als Widersacher und Konkurrent.

Schritt 4: Fragen Sie: Wie will Gott eine bestimmte Schwäche als positiven Faktor gebrauchen, um meine Ehe zu einem vollkommeneren Abbild seiner selbst zu machen? Was will Gott mich selbst lehren durch die Schwächen meines Partners? Diese Fragen stellte ich mir bezüglich der klassischen Langsamkeit meiner Frau. Die erste Antwort, die ich fand, war Geduld. Obwohl ich davon bestimmt noch etwas brauchen konnte, fühlte ich doch, daß es noch etwas anderes sein müsse. Ich beschloß, mich bei meiner Frau zu erkundigen.

Bei nächster Gelegenheit fragte ich sie: »Liebling, was kann ich helfen, damit *wir* rechtzeitig fertig werden?« Ich meinte es aber gar nicht so; in Wirklichkeit dachte ich: Was kann ich tun, um *dir* über *dein* Problem der Langsamkeit hinwegzuhelfen. »Ja, erstens könntest du. . .«, begann sie.

Ich erschrak. Erstens deutete ein Zweites und möglicherweise ein Drittes an. Es war, als ob jemand sie auf meine Frage vorbereitet hätte. Sie hatte eine Liste parat.

Also, sie sagte: »Erstens könntest du deine Kleider aufhängen. Dann könntest du mir helfen, die Kinder zum Schlafen fertigzumachen.«

»Ach so, das muß ja auch getan werden. Gut! Ich hänge meine Kleider auf und helfe bei den Kindern.«

»Schließlich«, fuhr meine Frau fort, »könntest du vielleicht etwas früher fertig sein und etwaige Telefonanrufe beantworten und an der Tür nachschauen, wer geklingelt hat. Und statt vom Badezimmer aus zu schreien: ›Liebling, würdest du mir bitte das oder jenes bringen‹, könntest du es dir vielleicht selbst holen.«

Diese Rede versetzte mir einen Schock! Ich hatte der ärgerlichen Schwäche meiner Frau mit einem Gewehr zu Leibe gehen wollen, und als ich abdrückte, ging der Schuß nach hinten los! Der Fehler, den ich ihr zugeschrieben hatte, war mein eigener. Gott wollte mich nicht Geduld lehren, sondern Verständnis für die schwierige Arbeit meiner Frau.

Schritt 5: Schreiben Sie eine Verpflichtung zur Vervollständigung Ihres Partners aus, und lesen Sie ihm das Schriftstück vor.

Drei Punkte sollten darin enthalten sein. Erstens, ein Bekenntnis ohne Anschuldigung. Das könnte zum Beispiel ein Bekennen Ihrer ablehnenden Haltung gegenüber Ihrem Partner sein oder Ihre verkehrten Reaktionen auf sein Verhalten. Aber, wie ich schon sagte, muß es ein Bekenntnis ohne Anschuldigung sein. Das heißt, es kann nicht etwa lauten: »Liebling, entschuldige bitte mein Verhalten von gestern abend. Aber du weißt ja ganz genau, wie sehr mir das gegen den Strich geht.« Nein, nicht so. Ein wahrhaftiges Bekenntnis enthält keine Anklage.

Zweitens müssen Sie sich dazu entschließen, über die Fehler Ihres Partners hinweg auf Gott zu schauen. Sehen Sie die Fehler nicht an. Erlauben Sie Gott, Ihre Ehe umzuformen, damit durch die menschliche Schwachheit Gottes Vermögen sichtbar wird.

Drittens, danken Sie Gott für Ihren Partner, der Gottes Geschenk für Sie ist, durch das er Sie vollenden will.

Diese drei Punkte enthalten vielleicht nicht alles, was Sie sagen wollen. Sie können Ihre Verpflichtung anders formulieren. Das wichtigste hierbei ist, daß Sie diese Dinge ihrem Partner wirklich sagen.

Bob besuchte mich einige Tage nach der langen Unterredung, die ich mit Jane gehabt hatte. Er war sehr nervös. Als er hereinkam, merkte ich sofort, daß er mir etwas Wichtiges mitteilen wollte. Aber er redete zunächst nur über unwichtige Dinge und wich meinen Fragen aus. Schließlich konnte ich ihn aber doch festnageln und ihm helfen auszusprechen, was er mir eigentlich hatte mitteilen wollen.

Er sagte: »Was denken Sie, was meine Frau gestern getan hat! Sie hat mir einen Kuß gegeben und gesagt: ‚Bob, ich liebe dich, und ich brauche dich dringend.' Und sie meinte tatsächlich,was sie sagte!«

Ich fragte Bob: »Und was haben Sie gesagt?«

Etwas verlegen antwortete er: »Ich habe ihr gesagt, daß ich sie auch brauche.«

Das ist es, was mit dem Prozeß der Vollendung, der Vervollständigung gemeint ist. Es ist viel mehr, als den Partner einfach anzunehmen, so wie er ist. Es bedeutet, ihn als Geschenk Gottes anzunehmen, durch das Sie selbst vollkommen gemacht werden sollen, wissend, daß die Ablehnung des Partners in irgendeiner Form gleichbedeutend mit der Ablehnung Gottes und seines Plans für die Einheit der Eheleute ist.

Konkurrenz? Nein! Vollendung!

II

Unabhängigkeit
oder Abhängigkeit?

3 »Ich bin das Haupt«

Im Himmel wurden alle Ehemänner von ihren Frauen getrennt und dann gebeten, hinter zwei Schildern Aufstellung zu nehmen. Auf dem Schild auf der linken Seite stand: *Pantoffelhelden*, auf dem auf der rechten Seite: *Häupter*. Etwas schier Unglaubliches ereignete sich. Alle Männer, mit Ausnahme eines einzigen kleinen Mannes, stellten sich hinter das Schild mit der Aufschrift *Pantoffelhelden*. Der einzige Mann von allen Ehemännern aller Zeiten aber stand, weithin sichtbar, allein hinter dem Schild, auf dem *Häupter* zu lesen stand. Ein Reporter, der dieses sah, kam schnell von der anderen Seite herüber, um diesen Mann zu interviewen. Er sagte: »Mein Herr, das ist unglaublich! Hier stehen Sie als einziger auf dem Platz für Männer, die wirklich die Häupter ihrer Familien gewesen sind. Wie kommt es, daß Sie auf diese Seite gekommen sind als das einzige Familienoberhaupt aller Zeiten?« Der Mann antwortete: »Tja, das weiß ich auch nicht. Meine Frau sagte mir, ich solle mich hierher stellen.«

Diese kleine Geschichte macht die Situation sehr deutlich. Es ist eine der größten Tragödien unserer Zeit, daß das Verständnis für die leitende Rolle des Ehemannes fast völlig verlorengegangen ist. Die Leute lachen heute eher über dieses Ansinnen, als traurig über die verheerenden Auswirkungen der Mißachtung der göttlichen Ordnung zu sein. Das völlige Mißverstehen der Aufgabe des Mannes in dieser Hinsicht ist ein vernichtender Schlag für die Gleichheit und Wesenseinheit von Mann und Frau, für die Sicherheit der Kinder und für die gesellschaftliche Struktur der Familie. So wie das Fundament dieser gesellschaftlichen Einheit Familie zerbricht, so beginnt die gesamte Gesellschaft zu gären und sich aufzulösen.

Christliche Seminare und Literatur sind übersättigt mit Beiträgen über die Rolle der Frau, ohne hinreichende Berücksichtigung des Mannes als Haupt der Familie. Den Frauen Untertänigkeit zu predigen, ohne die richtige Perspektive des Hauptes zu zeigen, wirbelt nur Staub auf und führt zu Mißverständnissen und falschen Konzeptionen. Nichtchristen sind verwirrt von dem Bild der Sklaverei, mit dem die Untertänigkeit gleichgesetzt wird, das aber mit dem

Plan Gottes nichts zu tun hat. Frauen, die ihr Christsein ernst nehmen, unterwerfen sich aus Unkenntnis und leiden unter der »gottgewollten« Misere, die völlig unnötig ist. Und die Ehemänner ignorieren weiterhin in lässiger Haltung ihre Verantwortung zu Hause, was in Wirklichkeit eine unerträgliche Situation ist.

Falsche Vorstellungen vom Familienoberhaupt

Eines dieser falschen Bilder ist die Idee des Diktators. Aber das Oberhaupt der Familie ist nach Gottes Plan nicht einer, der in diktatorischer Weise Befehle erteilt und erwartet, daß alle sofort parieren. Manche stellen sich diesen Menschen sogar mit einer Peitsche und ständigen Forderungen vor – eine Art Sklaventreiber. Solche Gedanken sind völlig falsch.

Eine andere, sehr verbreitete Vorstellung ist die von dem fast vollkommenen Mann (muß mehr Bibelverse kennen, als seine Frau und dergleichen). An dieser Stelle müssen wir etwas Grundlegendes richtigstellen. Der Mann wurde nicht zum Haupt bestimmt, um zu befehlen, oder weil er so hervorragend ist. Ganz gleich wie unzulänglich sich ein Mann fühlt oder tatsächlich ist, es ändert nichts an der Tatsache, daß er das Haupt sein soll.

Dann gibt es die irrige Meinung, jemand als Haupt zu *benennen*, entspräche dem biblischen Konzept. Nachdem sie eine entsprechende Anregung empfangen haben, kommen viele Männer nach Hause und geben bekannt: »Ich bin das Haupt der Familie!« Seine Frau glaubt ihm nicht. Niemand unterstützt ihn. So gibt er klein bei. Vielleicht hört er einen Vortrag oder liest ein Buch über das Thema, was ihn wieder neu anregt. Er versucht es noch einmal, diesmal etwas zögernd: »Ich bin das Haupt. Einverstanden? Versuchen wir es doch einmal, vielleicht für einen Abend.« Dieser Kreislauf wiederholt sich, bis der Mann schließlich endgültig aufgibt.

Er hat die Benennung als Haupt an die Stelle der tatsächlichen Funktion gesetzt. Manche Männer bringen immer wieder zum Ausdruck, daß der Mann das Haupt und die Frau untertan sein soll, um sich selbst von ihrer Verantwortung zu überzeugen. Das fehlende Vertrauen der Familienmitglieder und die Unkenntnis über seine Verantwortung zwingen den Mann dazu, sich immer wieder als Oberhaupt auszugeben, statt entsprechend zu handeln.

Bedeutung des Oberhauptes

Was ist ein geistiges Oberhaupt? Der Begriff umfaßt zwei Dimensionen: einmal repräsentative Autorität Gottes und zum anderen aufopfernde Liebe. Die Bibel macht nicht nur deutlich, daß der Mann das Haupt der Frau sein soll, sondern auch, daß sich die Frau ihrem Mann als dem Haupt unterordnen soll. Der Mann soll das Haupt seiner Frau sein, aber seine Funktion ist nicht, über sie zu herrschen. Er ist als Vertreter der Autorität Gottes in die Familie gesetzt. Das ist seine Position. Seine Funktion ist die der aufopfernden Liebe.

Als Gottes repräsentative Autorität in der ehelichen Gemeinschaft trägt der Mann alle Verantwortung in der Familie und ist die Autorität für seine Frau und Kinder.

Autorität bedeutet nicht »besser sein als«. Reine Autorität ist etwas ganz anderes. Eine gute Illustration dafür liefert ein Verkehrspolizist. Wenn er pfeift oder Ihnen Zeichen zum Anhalten gibt, dann halten Sie. Warum? Nicht weil der Polizist besser ist als Sie, sondern weil ihm die Autorität für diesen Job gegeben wurde. Sie ordnen sich dieser Autorität unter.

Selbst in der biblischen Erklärung der Dreiheit Gottes finden wir Autorität. Gott, der Vater, ist das Haupt Christi, des Sohnes; trotzdem sind beide gleich und eins. Autorität in diesem eigentlichen Sinn verneint nicht die Gleichheit.

Autorität gibt es in allen Bereichen des Lebens. Wir können dafür mindestens drei Gründe anführen: (1) Niemand kann aller Verantwortung gerecht werden. Jedes Oberhaupt braucht die Hilfe anderer, um ausführen zu können, was getan werden muß. Jeder Helfer braucht ein Haupt als »Stoßdämpfer« gegenüber dem Druck der Verantwortung. (2) Unordnung wird durch die Ordnung der Autorität gebändigt. Andernfalls herrscht Chaos. (3) Autorität ermöglicht einen reibungslosen Ablauf der Dinge. In jeglicher Gemeinschaft – sei es die Familie, Vereine, Geschäftsverbindungen, Regierungen – muß jemand da sein, der verantwortlich ist und Entscheidungen trifft.

Als repräsentative Autorität haben Sie nicht nur die Aufsicht über Ihre Familie zu führen, Sie sind auch für Ihre Frau und Ihre Kinder verantwortlich. Das ist eine ernüchternde Feststellung.

Als aufopfernder Liebender haben Sie sich selbst ganz zu geben. Es wird von Ihnen erwartet, Ihrer Frau zu dienen – aktiv ihr Bestes zu suchen, ihren Bedürfnissen zu begegnen. Das heißt sicher manchmal, eine Lieblingsbeschäftigung dranzugeben, um mit Ihrer Frau zusammen etwas besonderes zu unternehmen; nicht weil Sie gerade nichts anderes zu tun haben, sondern in aufopfernder Weise. Gibt es eine Frau in der Welt, die auf beständige aufopfernde Liebe nicht positiv reagieren würde?

Wenn das Haupt-sein richtig verstanden und entsprechend gehandelt wird, entdecken Mann und Frau eine neue Freiheit. Der Mann wird frei von seiner Ichbezogenheit, und die Frau sieht sich von der Unterjochung befreit durch die aufopfernde Liebe ihres Mannes.

Das Vorbild des Oberhaupts

Jesus ist das ideale Beispiel; er gibt uns ein vollkommenes Vorbild in seinem Verhältnis zu seinen Jüngern. Einige Beispiele wollen wir hier herausgreifen, die vor allem den Ehemännern eine Hilfe bieten.

Erstens lebte Jesus in völliger Unterordnung gegenüber dem Vater. In derselben Weise soll ein Ehemann Gott untertan sein: »Ich ermahne euch nun, liebe Brüder, durch die Barmherzigkeit Gottes, daß ihr eure Leiber gebet zum Opfer, das da lebendig, heilig und Gott wohlgefällig sei. Das sei euer vernünftiger Gottesdienst« (Röm. 12, 1). Sie als Ehemann müssen sich Gott als dem Designer der Familie unterordnen. Diese Unterordnung kommt auf mehreren Gebieten zum Ausdruck. Da ist die Unterordnung unter die Obrigkeit (1. Petr. 2, 13), unter den Arbeitgeber (V. 18), unter die anderen Gläubigen (Eph. 5, 21). Unter den letztgenannten befindet sich auch Ihre Frau! Alles das soll in der Furcht Gottes geschehen.

Ihre Unterordnung unter Gott ist das beste Beispiel, das Ihre Frau sehen kann. Wenn Sie bei ihr Untertänigkeit vermissen, so haben

Sie ihr möglicherweise in Ihrem Verhältnis zu Ihrem Arbeitgeber, in Ihrem Verhalten bei der Einkommensteuererklärung oder dergleichen das Vorbild dazu geliefert.

Ihre eigene Unterordnung unter Gott gibt Ihrer Frau ein tiefes Gefühl der Sicherheit. Können Sie sich vorstellen, Ihr Wohlergehen, Ihr ganzes Leben völlig einem anderen Menschen auszuliefern? Das könnte doch eine sehr unsichere Angelegenheit werden. Sie als Mensch sind anzweifelbar, wankelmütig. Gott ist zuverlässig und absolut. Wenn Ihre Frau weiß, daß Sie sich auf Gott verlassen, daß Sie sich von ihm leiten lassen, so kann Sie sich Ihnen als Oberhaupt getrost anvertrauen.

Unterordnung ist der Schlüssel zu Ihrer Funktion als Oberhaupt. Jesus zeigte uns in seinem Leben auf dieser Erde wiederholt ein Prinzip, das unserer eigenen Haltung völlig entgegengesetzt ist: Wenn ein Mensch sich selbst finden will, muß er sich verlieren; wenn er leben will, muß er sterben. Dieser Grundsatz ist das Fundament für die Funktion des Mannes als geistiges Haupt. Um voll als Haupt wirken zu können, müssen Sie selbst in totaler Unterordnung unter Gott sterben. Wenn Sie sich selbst, Ihren ichbezogenen Interessen sterben, kann Ihre Frau sich Ihnen als Oberhaupt ohne Furcht voll und ganz anvertrauen. Das gibt Ihnen wiederum das Vertrauen in die Möglichkeit, als geistiges Oberhaupt funktionieren zu können, und ermutigt Sie, sich auf weiteren Gebieten Gott unterzuordnen. Der Kreislauf setzt sich fort.

Der Ehemann ordnet sich Gott unter:

Der Mann gewinnt Verständnis und Zuversicht in seine Stellung und Funktion als Haupt, er stirbt sich selbst.

Die Frau wird zur Unterordnung motiviert und vertraut ihrem Mann.

Als weiteres Beispiel eines vollkommenen Oberhaupts zeigt Jesus seinen Jüngern, daß er sie liebt: »Niemand hat größere Liebe als die, daß er sein Leben läßt für seine Freunde« (Joh. 15, 13). Der Ehemann sollte danach trachten, seine Frau in gleicher Weise zu lieben – sich selbst für sie aufgeben. Diese Liebe braucht sich nicht in außergewöhnlichen Aktionen zu manifestieren. Zu viele Männer sehen nicht, daß kleine Dinge die Liebe oft sehr stark zum Ausdruck bringen können. Ich führe meine Frau manchmal zu einem netten Abendessen aus. Sehr oft jedoch, nach einem kostspieligen Abend, sagt sie: »Das war wirklich ein schöner Abend, aber ich fühle mich so vollgestopft.« Mit anderen Worten: Ich gebe eine Menge Geld aus, damit sich meine Frau ungemütlich fühlt. Mit der Zeit habe ich gelernt, daß eine aufwendige Demonstration der Liebe nicht notwendigerweise die beste ist. Wie oft, wenn ich mit einem Arm voller Blumen nach Hause komme, die ich für sehr wenig Geld von einem Straßenhändler erstanden habe, bricht meine Frau in Freudenrufe aus. Kleine Beweise der Liebe vermitteln die Gefühle oft sehr wirkungsvoll (und sind meistens eine bessere Investition).

Opfernde Liebe wirkt erlösend. Sie erlöst von dem eigenen Ich, weil man dann im Geben gefangen ist, statt sich um sich selbst zu drehen. Zu dieser Liebe, die Opfer von dem Liebenden fordert, gibt es im Laufe eines gemeinsamen Lebens unzählige Gelegenheiten.

Drittens zeigte Jesus als geistiger Führer tiefes Verständnis für die Menschen, mit denen er zusammenkam. Er sah zum Beispiel, daß die Ehebrecherin Vergebung brauchte und keine Zurechtweisung (Joh. 8, 10–11). Gleicherweise soll der Ehemann seiner Frau zeigen, daß er ihre tiefsten Nöte versteht. »Desgleichen, ihr Männer, wohnet bei ihnen mit Vernunft . . .« (1. Petr. 3, 7). Die Worte »wohnet bei ihnen« werden im Neuen Testament nur einmal an dieser Stelle gebraucht. Im Alten Testament werden sie mehrmals benutzt in bezug auf die sexuelle Einheit in der Ehe. »Mit Vernunft« wird zum Teil übersetzt mit »in verstehender Weise«. Um in verstehender Weise handeln zu können, muß man zuvor etwas ergründen, in diesem Fall die Nöte, Bedürfnisse, Wünsche und Empfindungen seiner Frau. Ihre Frau muß mit allen Sinnen wahrnehmen können, daß Sie auf ihrer Seite stehen, daß Sie um ihrerselbst willen an ihr interessiert sind und ihre Angelegenheiten verstehen.

Viertens lehrte Jesus seine Jünger, an Gott zu glauben. Er ließ es dabei nie bei bloßen Worten bewenden, sondern zeigte ihnen immer die Anwendung seiner Lehre im täglichen Leben (siehe Mark. 9, 35–41). Der Mann soll in seiner Familie eine Atmosphäre des Vertrauens in die Führung Gottes schaffen, indem er einfach alle Dinge des täglichen Lebens in seinen Glauben an Gott einbezieht. Nichts soll er tun, ohne im Hinblick und im Vertrauen auf Gott. Unabhängig davon, wer die beste Bibelkenntnis hat, muß der Mann bestimmend für die geistige Richtung in seiner Familie sein. Das heißt nicht, daß die Frau in diesen Dingen nie die Initiative ergreifen soll, aber der Mann ist dafür verantwortlich, daß sich die Familie in Krisenzeiten und im täglichen Ablauf der Dinge zu Gott hinwendet.

Fünftens übernahm Jesus die totale Verantwortung für die Menschen, die ihm ihr Leben anvertrauten (siehe Mark. 10, 45). Ähnlich trägt der Mann die Verantwortung für seine Frau. Der Mann hat die Verantwortung, seinem Hause wohl vorzustehen (siehe 1. Tim. 3, 4–5). Wie ungern ich das auch zugebe, so muß ich doch sagen, daß die meisten Enttäuschungen und Schwierigkeiten meiner Frau direkt auf eine Nachlässigkeit oder Unverantwortlichkeit meinerseits auf irgendeinem Gebiet zurückzuführen sind. Dieselbe Gegebenheit tritt in fast allen Eheberatungsgesprächen, die ich führe oder bei denen ich zugegen bin, zutage. Wenn Ihre Frau Probleme hat, so untersuchen Sie zunächst, welchen Anteil Sie daran haben. Meistens ist er beachtlich!

Als ich mein erstes Buch schrieb, erklärte ich mich mit einem unmöglichen Termin für die Abgabe des Manuskripts einverstanden. Während der letzten zwei Wochen arbeitete ich fast Tag und Nacht. Das Buch war zum Familienprojekt geworden. Etwa stündlich kam ich aus meinem kleinen Büroraum innerhalb unserer Wohnung zum Vorschein und las Carol meinen »Bestseller« vor. Ihre Aufgabe bestand darin, mich mit bewundernden Ausrufen und einem Glas Eistee zu stärken. Etwa am neunten oder zehnten Tag bemerkte ich, daß ihre Bewunderung schwächer wurde und der Tee auch. Die Art und Weise, wie sie mir das Glas reichte, sprach Bände. Ihre Gemütsverfassung signalisierte: Hoffentlich erstickst du an einem Eiswürfel! Ich wußte, daß ich in Schwierigkeiten war, aber ich mußte meinen Termin einhalten. Als ich an diesem Abend eine Pause beim Tippen machte, hörte ich meine Frau im Schlafzimmer weinen. Ich kannte ihr Problem genau, seit geraumer Zeit hatte ich keinen positiven Beitrag zu unserer Gemeinschaft geleistet. Jetzt hatte ich das Ergebnis: schwachen Tee und Tränen.

Sechstens können wir feststellen, daß Jesus die Probleme löste, die die Menschen vor ihn brachten (siehe Mark. 1, 30–31 u. 8, 4). Der Mann sollte jedes Problem, das seine Frau ihm vorträgt, ernst nehmen und versuchen, es zu lösen (siehe 1. Tim. 3, 4–5). Es ist sehr leicht zu sagen: Das ist *dein* Problem. In Wirklichkeit sagen wir damit: Die Grube hast du dir selbst gegraben; laß mich dir helfen, hineinzufallen! Für seine Frau zu sorgen, bedeutet, ihre Probleme zu den eigenen zu machen. Die Probleme seiner Frau nicht ernst zu nehmen, bedeutet nur, sie aufzuschieben für später.

In unserer Ehe herrscht ein gespanntes Verhältnis, wenn ich Carols Scheckbuch nachsehe. Gewöhnlich vergißt sie, aufzuschreiben, in welcher Höhe und für was sie einen Scheck ausstellt. Manche Leute werden dafür bezahlt, eine Liste über anderer Leute Einnahmen und Ausgaben zu führen und einem jeden Monat in einem Brief mitzuteilen, wie hoch man bereits in der Kreide steht. Das ist sehr peinlich. Manchmal habe ich Carols Scheckbuch aufgeschlagen und fand keine einzige Eintragung vor, aber auch keinen Scheck. Nun kann man diesen mißlichen Umstand auf mancherlei Weise behandeln. Man kann seiner Frau auf die Schulter klopfen und sagen: »Na ja, wenn sie kommen und dich holen, werde ich für die Kinder sorgen und für dich beten!« Das ist eine Möglichkeit, aber nicht die Art und Weise, wie das Oberhaupt einer Familie funktionieren soll. Es kann nie heißen: Das ist *dein* Problem, sondern immer nur: Das ist *unser* Problem!

Aufgaben des Oberhaupts

Zwei Forderungen werden im Epheserbrief an das geistige Oberhaupt gestellt:

»Ihr Männer, liebet eure Frauen, gleichwie auch Christus geliebt hat die Gemeinde und hat sich selbst für sie gegeben, auf daß er sie heiligte, und hat sie gereinigt durch das Wasserbad im Wort, auf daß er sie sich selbst darstellte als eine Gemeinde, die herrlich sei, die nicht habe einen Flecken oder Runzel oder etwas dergleichen, sondern daß sie heilig sei und unsträflich. So sollen auch die Männer ihre Frauen lieben als ihren eigenen Leib. Wer seine Frau liebt, der liebt sich selbst. Denn niemand hat jemals sein eigen Fleisch gehaßt; sondern er nährt es und pflegt es, gleichwie auch Christus die Gemeinde. Denn wir sind Glieder seines Leibes« (Eph. 5, 25–30).

Hier zeigt Paulus anhand des Verhältnisses zwischen Christus und seiner Gemeinde, wie die Verbindung zwischen Mann und Frau beschaffen sein soll. Alles, was von Christus und der Gemeinde gesagt wird, trifft gleicherweise auf das Verhältnis der Eheleute zueinander zu, mit einer Ausnahme: Christus ist der Erlöser seines Leibes; das kann der Ehemann für seine Frau nicht sein.

Die erste Forderung heißt: Ihr Männer liebet eure Frauen, so wie Christus die Gemeinde geliebt und sich selbst für sie gegeben hat. Das ist die aufopfernde Liebe, von der wir schon geredet haben. Diese aufopfernde Liebe zu Ihrer Frau soll zwei Dinge bewirken. Erstens soll Ihre Frau dadurch »geheiligt« werden; das heißt, Ihre Liebe soll sie von anderen Frauen absondern, als etwas Besonderes herausstellen. Zweitens soll Ihre Liebe sie erhöhen zu einer »herrlichen« Frau, »ohne Flecken oder Runzeln oder etwas dergleichen«. Ihre Liebe soll Ihre Frau für diese hohe Berufung motivieren. Funktioniert das Prinzip in Ihrer Ehe?

Der zweite Befehl lautet, daß die Männer ihre Frauen lieben sollen *als* ihre eigenen Leiber, nicht *wie* ihre eigenen Körper (wie in den meisten Übersetzungen steht), sondern *als* eigenen Körper (Zürcher und andere Übersetzungen), denn die beiden sind eins. Paulus benutzt hier zwei Wörter, die die Art der Liebe beschreiben, nämlich *nähren* und *pflegen*. Nähren bedeutet Aufbau, Kraft geben – nicht abschneiden oder einengen. Pflegen hat etwas mit zarter Fürsorge zu tun, mit Wärme und Freundlichkeit. Würden Sie etwa Ihre Frau anherrschen: »Komm her, ich will dir einen Kuß geben!« Natürlich nicht. Jeder Mann weiß, daß das nicht funktioniert. Frauen sind auf diese Art nicht ansprechbar, aber sie sind empfänglich für Güte und Freundlichkeit. (In Kapitel 8 werden wir noch einmal darüber zu reden haben.)

Vorschläge zur Anwendung

Schritt 1: Bekennen Sie jede Auflehnung gegenüber den Autoritäten, die über Ihnen stehen, und entschließen Sie sich zur Unterordnung. Es ist unfair, von Ihrer Frau zu verlangen, Ihre Autorität anzuerkennen, wenn Sie selbst nicht zu gleichem Handeln bereit sind. Denken Sie daran, daß Sie das beste Beispiel für Ihre Familie sind und dazu noch eins, das sie ständig vor Augen hat.

Schritt 2: Stellen Sie mit Ihrer Frau zusammen eine Liste auf über alle Verantwortungen, die sie zur Zeit im Haus wahrnimmt. Bereiten Sie sich auf einen Schock vor! Ein Ehepaar stellte 66 Dinge zusammen, für die die Frau im Laufe einer Woche verantwortlich zeichnete.

Ich denke, wir sollten hier festhalten, daß eine Frau jegliche Verantwortung übernehmen kann, von der Bodenreinigung bis zu den Finanzen, trotzdem ist der Mann auf allen Gebieten das Oberhaupt und für seine Frau verantwortlich.

Schritt 3: Übernehmen Sie bestimmte Verantwortungen, und zwar solche, zu denen sich Ihre Frau zur Zeit unfähig fühlt oder die sie nur unter großen Schwierigkeiten wahrnehmen kann. Diese Verpflichtungen werden nach Alter und Größe der Familie variieren. Damit versuchen Sie, übermäßige Belastungen auszuschalten. Solche Belastungen sind der Grund für Beklemmungen, Gereiztheit, Verkrampfungen und mangelndes Empfinden vieler Frauen. Unwille und Ablehnung folgen hinterher und treiben heutzutage viele Frauen aus dem Haus, zum Teil in die Scheidung, da sie um jeden Preis diesem Druck entkommen wollen. Sie als Haupt können den Druck erleichtern. Das ist Ihre Aufgabe als Stoßdämpfer. Lassen Sie mich hier einige typische Szenen schildern, wie sie in vielen Familien anzutreffen sind.

Eine Zeitlang wurden wir (meine Familie und ich) auf monatlicher Basis von Freunden und Gemeinden unterstützt. Unser Scheck traf jeweils am 12. des Monats ein. Während des ersten Drittels jeden Monats dachte ich, wir könnten vielleicht einen zu niedrigen Scheck bekommen (innerhalb von vier Jahren ist das nur einmal vorgekommen). Ich wußte nicht, welchen Druck ich damit auf Carol legte, bis sie anfing, einige Fragen zu stellen, die mir zu denken gaben. Außerdem kaufte sie ein Buch »101 Rezepte mit getrockneten Bohnen«. Allmählich begriff ich, wie die Unsicherheit sie belastete. Wir bauten diesen Druck ab, indem wir einen Haushaltsplan aufstellten, und ich redete nicht mehr über meine finanziellen Sorgen, die ohnehin unbegründet waren. Der Haushaltsplan schloß alles ein, was Carol brauchte, um die Familie zu versorgen (Essen, Kleider, Babysitter usw.). Diese Dinge hatten Vorrang. Erhielten wir etwas weniger Geld, lag die Hauptbelastung auf mir. Die Methode funktionierte und funktioniert immer noch gut. Carol denkt, wir seien wohlhabend. Sie teilt ein, gibt, streckt Mahlzeiten, aber der

Druck ist von ihr genommen, sie ist fröhlich und erfüllt ihre Verpflichtungen.

Finanzieller Druck ist in unseren Familien heute an der Tagesordnung. Ein anderes, ganz allgemeines Problem kann der Mann als Haupt der Familie lösen. Für eine Frau mit kleinen Kindern ist die schlimmste Zeit des Tages (und damit ihres Lebens) von etwa fünf Uhr nachmittags bis zu dem Zeitpunkt, wo die Kinder endlich im Bett liegen. Während dieser Zeit muß sie die Kinder beschäftigen und bei guter Laune halten – verschüttete Milch aufwischen, geschwisterliche Streitereien schlichten, unzählige Fragen beantworten – und gleichzeitig das Abendessen bereiten. Manche Frauen nennen diese Zeit des Tages das »finstere Tal«. Wenn alles gerade drunter und drüber geht, kommt »der König« nach Hause. Gewöhnlich begibt er sich gleich zu seinem Thronsessel, wo er die Zeitung zur Hand nimmt und ab und zu aufmunternde und hilfreiche Anrufe hören läßt, wie etwa: »Was gibt es heute zum Abendessen?« – »Hackbraten!« – »Ooooh«, macht er in einem enttäuschten Ton. Wenn das Essen fertig ist, erreicht der Tumult seinen Höhepunkt. Rufe des Herrschers hallen durch die Wohnung: »Wir wollen essen!« – »Kommt jetzt sofort zu Tisch!« – »Ich sagte: Sofort!« Dann die letzte Äußerung: »Wir wollen beten!« (Völlig fehl am Platz.)

Nach dem Essen begibt sich »der König« zu seinem zweiten Thronsitz, dem Fernsehsessel. Er sieht sich »Agent 002« an und bewundert die kühle Höflichkeit des Helden. Allmählich beginnt er, sich mit Agent 002 zu identifizieren und denkt: Ich bin ebenso höflich und gewandt wie er. Mehr und mehr wird er von dem Gedanken eingenommen, wie geschickt und clever er doch selber ist. Während dieser Zeit badet seine Frau die Kinder, wäscht das Geschirr ab und bringt die Kinder schließlich ins Bett. Dazu gehören ein zweites und drittes Glas Wasser, verschiedene Manöver, um die endgültige Bettzeit hinauszuschieben, Gute-Nacht-Geschichten. Dann macht sie eine letzte Runde durch die Wohnung und wankt so etwa um 22 Uhr ins Schlafzimmer. »Der König«, der mittlerweile Agent 002 geworden ist, erscheint und sagt mit forscher Stimme und verführerischem Lächeln: »He, Liebste, wie ist's mit heute abend?« Sie murmelt zurück: »Was ist's mit was?«

Wenn Sie die Verantwortung des Oberhaupts annehmen, haben Sie auch im »finstern Tal« zu handeln. Wer sagt Ihnen, daß Sie ab halb sechs oder sechs Feierabend haben? Ihre Frau hat keinen! Warum sollten Sie? Gehen Sie hin und helfen Sie!

Glücklicherweise verlangt meine Frau nicht von mir, daß ich koche, wenn ich nach Hause komme. Ich muß mich also mit den Kindern beschäftigen und hole sie erst einmal aus der Küche. Lange Zeit mußte ich jeden Abend mit ihnen schaukeln. Ich war das Schaukeln so leid, aber es machte das Abendessen bedeutend besser!

Nach dem Essen ist es meine Aufgabe, den Tisch abzuräumen, während Carol die Kinder in die Badewanne setzt. Wenn ich mich als Haupt im »finsteren Tal« bewähre, können wir diese Zeit um mehr als eine Stunde verkürzen. Schließlich können wir gemeinsam ins Schlafzimmer gehen und uns aneinander erfreuen.

Schritt 4: Beide Ehepartner sollten eine Liste von ihren Nöten und Schwierigkeiten machen. Teilen Sie diese in drei Rubriken ein: emotionelle, geistige und physische Nöte. Tauschen Sie die Listen untereinander aus und reden Sie darüber. Wie Sie es anstellen, ist letzten Endes gleichgültig, auf jeden Fall müssen Sie die Probleme Ihrer Frau kennenlernen.

Schritt 5: Erarbeiten Sie ein auf die persönliche Lage abgestimmtes Programm, um die Probleme zu lösen. Lassen Sie sich nicht dazu verleiten zu verkünden: »Ich bin das Haupt«, ohne als solches zu fungieren.

Sind Sie bereit, die Verantwortung als Haupt anzunehmen – als Gottes repräsentative Autorität und aufopfernd Liebender?

4 Wer möchte schon als Fußmatte dienen?

Fußmatten sind dazu da, den Dreck von den Schuhen zu streifen. Also, wer möchte schon eine Fußmatte sein?

Das falsche Verständnis von dem, was es heißt, untertan zu sein, ruft viele gefühlsmäßige Reaktionen hervor. Die lautstärkste ist die Bewegung für die Emanzipation der Frau. Die Initiatoren dieser Bewegung haben das bestehende Problem sehr wirkungsvoll herausgestellt: die Unterjochung und Ausbeutung der Frau. Die Frau ist die Fußmatte in der Welt! Im großen und ganzen stimme ich mit der Feststellung dieses Problems der Frauen überein, die dem völligen Mißverständnis der biblischen Lehre und der konsequent falschen Belehrung entstammen. Allerdings stimme ich nicht mit den angebotenen Lösungen der Probleme überein, die der Frau vorschlagen, ihr Heim zu verlassen, um sich selbst zu finden.

Eine andere emotionale Reaktion ist durch wohlmeinende christliche Frauen entstanden, die das Fußmattendasein verteidigen. Innerhalb christlicher Kreise ist diese Sicht sehr populär. Sie vertritt zwei Richtungen. Einmal wird gesagt, die Frau sei dem Mann unterlegen; sie müsse sich damit abfinden und das Beste daraus machen. Zum anderen ermutigt man die Frauen zu einem aggressiven Lebensstil innerhalb ihres Fußmattendaseins. Das Ergebnis? Ziellos hin- und herschwankende Frauen legen ein albernes Benehmen an den Tag, das oft nichts anderes ist als ein Sich-flüchten in kindische Unreife.

Falsche Konzeptionen von dem Leben der Gehilfin

Das allgemeine Bild der Untertänigkeit ist völlig verzerrt. In der Hauptsache können wir drei falsche Vorstellungen von einer »untertänigen« Gehilfin unterscheiden. (1) *Die Sklavin.* Das ist das Bild einer Frau, die mit einer Kette am Fuß in ihrem Haus herumwirtschaftet, an das sie gebunden ist. Ihr Leben besteht aus einem Ablauf langweiliger, uninteressanter Ereignisse. (2) *Die Sprachlose.* Diese Frau darf kein Wort sagen – vor allem nichts, was der Meinung ihres Herrn entgegensteht. Sie wartet beständig auf die nächste Äußerung ihres Gebieters, die ihr sagt, was sie zu tun hat. (3) *Die Dumme.* Ihr Gehirn ist dem eines Eichhörnchens gleich. Zu denken ist ihr nicht erlaubt. Selbst, wenn es ihr erlaubt wäre, wäre sie wahrscheinlich unfähig dazu.

Das alles sind natürlich verkehrte Vorstellungen.

Bedeutung der Gehilfin

Untertänigkeit ist ein biblisches Konzept, das in allen gegenseitigen Beziehungen Anwendung findet. Untereinander untertan sein, ist kennzeichnend für die Lebensführung von Christen. Wenn ich untertänig bin, so ist das keine Einladung, auf mir herumzutrampeln, sondern ein freiwilliges Höherstellen des anderen, dem ich bereit bin zu dienen. Das ist ein wunderbares Konzept.

In diesem Sinn sollen Mann und Frau einander untertan sein, soll einer den anderen aufbauen und ihm dienen. Paulus stellt deshalb seinen Ausführungen über die ehelichen Pflichten das grundsätzliche Prinzip der gegenseitigen Untertänigkeit voran: »Seid einander untertan in der Furcht Christi« (Eph. 5, 21). Nur in diesem Zusammenhang von gegenseitiger Untertänigkeit können die Aufgaben und Pflichten von Mann und Frau richtig gesehen werden. Ein grundsätzliches Prinzip muß in einzelnen Handlungen seine Anwendung finden.

Zwei Dinge gehören nicht zum Stand der *Gehilfin.* Erstens lebt sie nicht in einem Status der Minderwertigkeit, sondern in freiwilliger Unterordnung. Unterordnung ist der Schlüssel zur Fülle des Lebens für Mann und Frau, die von Gott gewollt ist. Dasselbe Prinzip sehen wir in der Dreiheit Gottes (siehe 1. Kor. 11, 3). Der Mann ist das Haupt der Frau in derselben Weise, wie der Vater das Haupt Christi ist. Diese beiden sind gleich und eins! Es kann keine zwei Häupter geben. Der Sinn der Unterordnung ist der, zwei Menschen als Team funktionsfähig zu machen, einander zu ergänzen, statt miteinander zu konkurrieren.

Zweitens besteht die Bedeutung der Gehilfin nicht so sehr in einer Tätigkeit, als in einer Haltung oder Einstellung. Viele Frauen behaupten, sie seien untertan, weil sie tun, was ihre Männer sagen. Fragt man dagegen die Männer einmal, so kann man hören, daß ihre Frauen nicht die Spur untertänig sind. Hier besteht ein grundsätzlicher Unterschied in der Sicht der Dinge. Sie hat nur das sichtbare Tun vor Augen, während er an das richtige Motiv zur Tat denkt.

Das Vorbild der Gehilfin

Wie für den Mann, so ist auch für die Frau als verantwortungsbewußte Gehilfin Jesus das rechte Vorbild. Einige Grundzüge des vorbildlichen Lebens Jesu wollen wir hier wiederum festhalten. Jesus lebte in völliger Untertänigkeit gegenüber dem Vater. Er hatte sich aller Rechte entledigt. Obwohl er dem Vater gleich war, hielt er dieses Gleichsein »nicht wie einen Raub fest« (Phil. 2, 6). In gleicher Weise soll die Frau sich Gott unterordnen, indem sie ihrem Mann untertan ist und alle eigenen Rechte aufgibt.

»Die Frauen seien untertan ihren Männern als dem Herrn. Denn der Mann ist des Weibes Haupt, gleichwie auch Christus das Haupt ist der Gemeinde, die er als seinen Leib erlöst hat. Aber wie nun die Gemeinde ist Christus untertan, so seien es auch die Frauen ihren Männern in allen Dingen« (Eph. 5, 22–24).

Nachdem sie diese Verse gelesen haben, mögen viele Frauen sagen: »Aber Sie kennen meinen Mann nicht. Sie sollten ihn einmal kennen, so wie ich ihn kenne!« Auf diese sehr verbreitete Reaktion gibt der Apostel Petrus eine Antwort:

»Desgleichen sollt ihr Frauen euren Männern untertan sein, auf daß auch die, die nicht glauben an das Wort, durch der Frauen Wandel ohne Wort gewonnen werden« (1. Petr. 3, 1).

Hier sehen wir wieder diesen Grundsatz der Lehre Jesu: Wir müssen uns verlieren, uns aufgeben, um uns zu finden. Wenn die Frau sich selbst stirbt und sich unter ihren Mann stellt, findet sie in Wahrheit sich selbst. Auf seinen Rechten zu bestehen, bedeutet letzten Endes, sie zu verlieren. Jesus warnt uns davor, nach Art dieser Welt unsere Erfüllung, unser Leben zu suchen; denn das Ergebnis ist immer Zerstörung. Stattdessen finden wir Erfüllung, wenn wir unser Leben verlieren. Lernen Sie also in der Unterordnung gegenüber Ihrem Mann sich selbst zu sterben, und Sie werden ein erfülltes Leben finden. Das ist das Gegenstück zu der Selbstaufgabe des Mannes, der sich für seine Frau hingibt.

Totale Unterordnung ist eine Haltung, die keinen Widerstand bietet. Wenn eine Entscheidung getroffen ist, sollte es kein Widerstreben geben. Ständiger nagender Widerstand gegen Ihren Mann muß ihn in eine Ecke treiben. Entweder wird er zurückbeißen oder aufgeben.

Das Zweite, was wir im Leben Jesu erkennen, ist, in allen Dingen die Verherrlichung und die Ehre des Vaters zu suchen (siehe Joh. 13, 31–32). Ebenso soll die Frau die Ehre ihres Mannes suchen. Der Apostel Paulus macht das in seinem Brief an die Christen in Korinth klar: ».. . die Frau aber ist des Mannes Abglanz (in manchen Übersetzungen Ehre)« (1. Kor. 11, 7). Was heißt das, jemandes Ehre sein? Es bedeutet, das Abbild von jemand zu sein, das Wesen eines anderen mit seinem eigenen Leben zeigen. Die Liebe Ihres Mannes sondert Sie von allen anderen Frauen ab, um etwas Besonderes, etwas Herrliches für ihn zu sein. Nun ist es an Ihnen, dieser »Herrlichkeit« zu entsprechen, indem Sie Ihrem Mann untertan sind. Das Verhältnis von Mann und Frau zueinander ist einem Kreis zu vergleichen:

Die Frau sucht durch völlige Untertänigkeit die Ehre ihres Mannes.

Die Frau übernimmt Verantwortungen als Gehilfin und fühlt sich ausgefüllt, geschätzt, er braucht sie. Sie ist eine wertvolle Persönlichkeit, keine billige Fußmatte. Sie trachtet noch mehr, die Ehre ihres Mannes zu sein.

Der Mann wird um so mehr motiviert, wirklich Haupt zu sein. Aber, er hat ein Problem: Die Verantwortung droht, ihn zu erdrükken. So ruft er: »Hilfe!«

Ist das nicht ein wundervolles Konzept? Sie sucht die Ehre ihres Mannes durch völlige Unterordnung, und der Mann ist seiner Frau in aufopfernder Liebe zugetan, wodurch er sie zu einer erhabenen Persönlichkeit macht. Aber ich weiß schon, was Sie denken: *Was ist, wenn dieses Verhältnis eine Einbahnstraße ist? Was ist, wenn ich meinen Teil dazu tue, aber mein Mann nicht daran denkt, das Seine zu tun?* Es gibt viele Wege, dieses einseitige Verhältnis anzugehen. Darüber wollen wir in diesem Kapitel etwas sagen und in Kapitel sechs und sieben noch näher darauf eingehen. Hier geht es aber zunächst nicht um Ihren Partner, sondern um Sie. Sie sind vor Gott für Ihr Tun verantwortlich. Lassen Sie uns deshalb die eigene Verantwortung im Auge behalten.

Als Drittes wollen wir festhalten, daß Jesus in seinem Leben der Unterordnung in allem, was er tat, dem Vater völlig vertraute. Eine Frau, die erkannt hat, daß Gott die Familie geschaffen hat, sollte sich bemühen, ihr ganzes Vertrauen in den Schöpfer zu setzen. Das heißt also, daß ihr Vertrauen letzten Endes nicht auf ihrem Ehemann steht, dessen Hingabe und Sorge für sie sich unter Umständen ändern können, sondern auf Gott, der besser für sie sorgen kann, als sie selber es vermag. Einfach zu sagen: »Vertraue auf Gott«, kann eine leere Formel sein. Gott läßt uns nicht in der Luft hängen, er gibt uns ganz konkrete Anweisungen. Für die Ehefrau besteht das Gottvertrauen darin, sich ihrem Mann in aktiver Haltung unterzuordnen. »Denn so haben sich vorzeiten auch die heiligen Frauen geschmückt, die ihre Hoffnung auf Gott setzten und ihren Männern untertan waren« (1. Petr. 3, 5).

Im Vertrauen auf Gott und damit im Gehorsam gegenüber ihrem Ehemann, als der stellvertretenden Autorität Gottes, liegt die Sicherheit der Frau. Gott ist kein Frauenhasser, der alle Frauen von den Männern unterjocht sehen möchte. Sein Plan geht dahin, daß *alle* volle Erfüllung und volle Entfaltung im Leben finden sollen.

Viertens suchte Jesus, dem Vater in allen Dingen zu gefallen. In gleicher Weise sucht eine erfolgreiche und glückliche Ehefrau, ihren Mann zu lieben und ihm zu gefallen. »Sie tut ihm Liebes und kein Leides ihr Leben lang« (Spr. 31, 12). Dazu muß man seinen Mann kennen. Was sind seine Bedürfnisse? Worüber freut er sich? Geben Sie sich Mühe, Ihrem Mann zu gefallen! Lassen Sie sich ab und zu etwas besonders Nettes einfallen! Aber natürlich nicht nur in den äußerlichen Dingen sollten Sie ihm zu Gefallen leben, es gilt auch, den inneren Menschen zu pflegen.

Als Fünftes und Letztes wollen wir hier noch nennen, daß Jesus völlig eins war mit dem Vater (siehe Joh. 17, 21). Die Frau kann jede

Verantwortung in der Familie wahrnehmen, solange die Anerkennung der stellvertretenden Autorität Gottes vorhanden ist. Die Frau kann alles tun, solange der Mann in allen Dingen das Haupt ist. So wie die gegenseitige Bindung der Eheleute immer fester wird, so sollte jeder Partner sich immer mehr mit der Rolle des anderen identifizieren, so daß beide wirklich als Team zusammenarbeiten können und daran Freude haben.

Aufgaben der Gehilfin

Die grundsätzliche Aufgabe der Gehilfin besteht darin, sich dem Ehemann in allen Dingen unterzuordnen. In allen Dingen? Wo ist da die Grenze? Das Prinzip heißt: *totale Unterordnung, ohne dabei zu sündigen.* Für diesen Grundsatz gibt es zwei treffende Beispiele in der Bibel.

Das erste Beispiel sind Abraham und Sara. Abraham hatte den Pharao belogen. Er hatte ihm erzählt, Sara sei seine Schwester und nicht seine Frau. Abrahams Lüge war zweifellos Ungehorsam gegenüber Gott. Sara hätte in die Unterhaltung eingreifen können und den Pharao wissen lassen, daß sie Abrahams Frau war. Sie hätte allen Grund dazu gehabt! Sie wußte, daß sie aufgrund der Lüge ihres Mannes dem Harem Pharaos zugefügt werden und möglicherweise in der kommenden Nacht im Bett Pharaos landen würde. Statt dem Pharao direkt zu sagen, wer sie sei, hätte sie ihrem Mann durch einen Wink zu verstehen geben können, daß sie nicht einverstanden sei mit diesem Lauf der Dinge. Aber ganz entgegen jeder natürlichen Reaktion einer Frau, tat Sara nichts dergleichen. Sie ordnete sich völlig ihrem Mann unter, selbst in diesem verkehrten Unternehmen, und Gott errettete sie. Wäre sie jedoch tatsächlich in die Lage gekommen, sich dem Pharao hingeben zu müssen, wäre das einzig Richtige für sie gewesen, sich zu weigern. An dem Punkt persönlicher Sünde muß die Frau ihrem Mann den Gehorsam verweigern. *Mit der stellvertretenden Autorität ist kein automatischer Zugang zu Gott verbunden. Jeder ist für seine eigene Sünde vor Gott verantwortlich.*

Die zweite Illustration des Prinzips geben Ananias und Saphira. Ananias hatte die Leiter der Gemeinde betrogen, als es um den Preis eines verkauften Grundstücks ging. In der gegebenen Situation bedeutete das, daß er nicht nur Menschen, sondern Gott belogen hatte. Da Ananias bei seiner Lüge beharrte, tötete Gott ihn auf der Stelle. Als seine Frau später zu der Versammlung der Gemeinde kam, fragte Petrus sie nach dem Preis des Grundstücks. Hier war ihre Chance, die Wahrheit zu sagen. Nun war es keine Sache der Untertänigkeit mehr, sondern der persönlichen Verantwortung vor Gott. Sie wählte die Lüge und starb ebenso wie ihr Mann. Hätte sie die Wahrheit gesagt, wäre sie am Leben geblieben und damit ein Beispiel völliger Untertänigkeit ohne persönliche Sünde geworden. Ihr Tod gibt dagegen Zeugnis von ihrer eigenen Sünde und Verantwortung vor Gott.

Die Frage stellt sich nun: Wann kann oder muß ich meinem Mann den Gehorsam verweigern? In jedem untergeordneten Verhältnis kann es Situationen geben, in denen man Gott gehorchen muß statt Menschen. Diese Situation ist gegeben, wenn man etwas von Ihnen verlangt, was direkt gegen das Gebot der Schrift verstößt. Dabei können Sie sich nicht auf Ihr Gefühl verlassen, sondern tatsächlich nur ganz konkret auf die Schrift. Es gibt viele Ansichten über Sünde, die oft maßgebend für das Leben der Christen sind, aber in der Bibel durchaus nicht zu finden sind.

In einer Frauenbibelstunde kam einmal eine Frau zu mir und sagte: »Ich bin sicher, daß Sie meine Meinung teilen, wenn ich sage, es ist der Wille Gottes, daß ich zu dieser Bibelgruppe komme.«

Etwas unbestimmt antwortete ich ihr: »Ich denke schon, daß es Gott gefällt, wenn Sie zur Bibelstunde kommen.« Sie fuhr fort: »Obwohl mein Mann es mir verbietet, stehle ich mich von zu Hause fort, um Gottes Gebot zu befolgen. Ich bin durch so viele Bibelverse geleitet worden. Sie wissen schon, welche ich meine.«

Ich bat die Frau, mir einige dieser Verse zu zeigen. Sie begann, eifrig in der Bibel zu suchen und nahm eine Konkordanz zu Hilfe. Nach einer Weile sagte sie: »Sie sind doch ein Prediger, nicht wahr?«

»Ja.«

»Und Sie haben sicher die Bibel einige Male durchgelesen?«

»Ja, das habe ich.«

»Haben Sie je diese Verse gelesen, die ich meine?«

»Nein, ich denke nicht.«

»Das habe ich mir gedacht«, entgegnete sie dann niedergeschlagen.

Sie hatte ernstlich geglaubt, ein von Gott gegebenes Recht zum Ungehorsam gegen ihren Mann zu haben, bis sie feststellte, daß diese »Schriftstellen«, auf die sie sich verließ, gar nicht in der Schrift stehen. Und das Gebot zur Teilnahme an einer Frauenbibelstunde ist eben nicht darin zu finden. Um die Sache noch etwas deutlicher zu illustrieren, wollen wir eine Situation konstruieren, in der der Mann etwas von seiner Frau fordert, das dem Wort Gottes entgegensteht. Nehmen wir einmal an, er verlange einen Partnertausch. Die erste Reaktion der Frau sollte auf keinen Fall eine Explosion sein. Dagegen sollte sie sich fragen, was diesen Wunsch hervorgerufen hat. Könnte es sein, daß sie das Geschlechtsleben vernachlässigt hat? Wenn sie in diesem Fall den Wünschen ihres Mannes entspricht, wird er sie sicher nicht mehr austauschen wollen.

Eine andere schwierige Lage entsteht, wenn der Mann seiner Frau verbietet, zum Gottesdienst zu gehen. Die Bibel sagt klar und deutlich: »Verlasset nicht die Versammlungen, wie etliche pflegen« (Hebr. 10, 25). Die Frau soll jedoch ihrem Mann untertan sein. Ich bin bisher in elf solcher Fälle um Rat und Hilfe gebeten worden. Und jedesmal waren der Grund des Verbots die Predigten, die die Frau zu Hause ihrem Mann hielt. Die Männer hatten diese Predigten satt und dachten, auf diese Weise der Sache endlich ein Ende bereiten zu können. Ich empfahl den Frauen, ihr Predigen einzustellen, einige Wochen den Versammlungen fernzubleiben und dann ihre Männer zu bitten, sie jetzt wieder gehen zu lassen. In allen Fällen erlaubten die Ehemänner das, und einige ermunterten ihre Frauen sogar dazu. Völlige Unterordnung ist wohl der Betrachtung wert; sie entwickelt eine Schönheit, die nicht zu übersehen ist.

»Euer Schmuck soll nicht auswendig sein mit Haarflechten und Goldschmuck oder Kleiderpracht, sondern der verborgene Mensch des Herzens im unvergänglichen Schmuck des sanften und stillen Geistes! Das ist köstlich vor Gott. Denn so haben sich auch vorzeiten die heiligen Frauen geschmückt, die ihre Hoffnung auf Gott setzten und ihren Männern untertan waren, wie die Sara Abraham gehorsam war und hieß ihn Herr, deren Töchter ihr geworden seid, wenn ihr recht tut und euch durch nichts beirren laßt« (1. Petr. 3, 3–6).

Die heiligen Frauen, die auf Gott hofften, schmückten sich selbst (machten sich schön), indem sie sich ihren Männern unterordneten, nicht allen Männern, sondern ihren eigenen Männern.

Von allem, was gesagt werden könnte über die Schönheit einer Frau, die ihrem Mann untertan ist, benutzt die Bibel das eine Wort: kostbar. Man könnte auch noch sagen: teuer. Das Wort, das die Bibel hier gebraucht, finden wir nur einigemal in der Schrift, und zwar für die Beschreibung von Dingen, die Gott wertvoll sind. Dazu gehört eine Frau, die ihrem Mann wahrhaft untertan ist; nicht eine Fußmatte, sondern eine Frau, die in Verantwortung vor Gott steht. Für sie gebraucht Gott den Ausdruck »kostbar«. Wenn *ich* sage: Das ist sehr teuer, dann bedeutet das oft herzlich wenig. Aber wenn Gott sagt: »Das ist teuer«, dann ist es das auch wirklich.

5 Prioritäten sind für Menschen

Ich las den Ausspruch: »Sie werden nie Zeit *finden* für etwas. Wenn Sie Zeit brauchen, müssen Sie sich Zeit *nehmen*!« Einen anderen Mann habe ich einmal sagen hören: »Wir jammern immer, wir hätten keine Zeit, und benehmen uns so, als ob sie nie zu Ende ginge.« Wir empfangen alle die gleiche Zeit. Es ist an uns, wie wir sie nutzen.

Wenn wir Prioritäten setzen wollen, müssen wir unterscheiden zwischen dem Wert der Zeit und der Menge der Stunden. Etwas Vorrangiges ist wichtig und muß vor etwas anderem kommen. Die meisten Menschen sind zu beschäftigt, um überhaupt etwas zustande zu bringen. Sie stehen unter zu großem Druck. Das Problem besteht darin, zu entscheiden, was zunächst getan werden muß.

Wir brauchen eine Liste über die vorrangigen Dinge unseres Lebens, damit wir Entscheidungen treffen können, die Zufriedenheit und nicht Druck erzeugen. Der schlimmste Druck entsteht oft durch die Unfähigkeit, Nein zu sagen und zu wissen, daß man damit richtig gehandelt hat. Man steht zwischen zwei Dingen: Man möchte Nein sagen, aber dann hat man ein schlechtes Gewissen. Sagt man Ja, so steht man unter Zeitdruck. Haben wir aber Prioritäten in unserem Leben gesetzt, so können wir diesen unnötigen Druck vermeiden.

Obwohl die Bibel uns nicht in direkter Weise eine Liste der vorrangigen Dinge gibt, so können wir aus ihr doch klar solche entnehmen. Grundsätzliche Aussagen darüber finden wir in Johannes 15. In den Versen eins bis elf geht es um das Verhältnis des Glaubenden zu Christus. Jesus benutzt dazu das Bild des Weinstocks (Christus) und der Reben (Gläubige). Das Verhältnis wird charakterisiert durch den Ausdruck »Bleibet in mir«. Die Verse 12 bis 17 reden von der Stellung der Gläubigen zueinander. Hier soll die Liebe beherrschend sein. In dem letzten Teil, den Versen 18 bis 27, beschreibt Jesus den Haß und den Abscheu der Welt gegenüber den Gläubigen, weil diese eins sind mit ihm. In den Versen 26 und 27 sagt er: »Wenn der Tröster kommen wird . . . der wird zeugen von mir.

Und auch ihr werdet meine Zeugen sein ...« Hier sehen wir also das Verhältnis des Gläubigen zur Welt. Es ist das eines Zeugen.

Von diesen drei Verbindungen ist im ganzen Neuen Testament die Rede, und sie werden immer als Prioritäten vorgestellt. Das Bleiben in Jesus wird als das Wichtigste für den Gläubigen gezeigt. Dann kommt die aktive Liebe zu den Brüdern und das Zeugnis für die Welt. Je fester die Verbindung zu Christus und den anderen Gläubigen ist, um so wirkungsvoller zeigt sich das Zeugnis für Christus gegenüber der Welt.

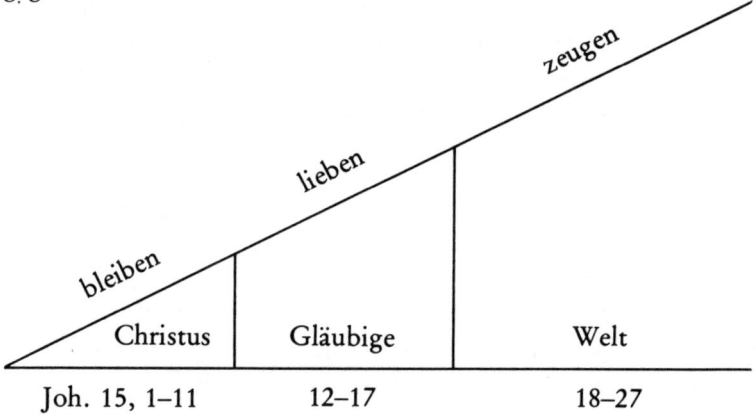

Christus	Gläubige	Welt
Joh. 15, 1–11	12–17	18–27

Eine Aufstellung von Prioritäten in unserem Leben kann ohne Verständnis dieser grundsätzlichen Verhältnisse nicht erfolgen.

Andere Stellen, die mehr Licht auf die vorrangigen Tätigkeiten werfen, finden wir im ersten und zweiten Timotheusbrief und im Titusbrief. Hier zeigt Paulus, wie eine geistliche Führerschaft beschaffen sein soll. Diese Qualifikationen bezeichnen eher einen Lebensstil als einzelne Fähigkeiten. Sie können gut in die drei Verbindungen des Christen, die wir in Johannes 15 sehen, eingeordnet werden. Sie beleuchten die Verbindung des Christen zu seinem Herrn, zu anderen Gläubigen (einschließlich der eigenen Familie) und zur Welt. Alle diese Eigenschaften befähigen einen Menschen, anderen zu dienen. Obwohl in den drei genannten Briefen speziell von Ältesten und Diakonen gesprochen wird, so können sie uns doch eine große Hilfe im Finden der Prioritäten in unserem Leben sein.

Priorität 1: Die Pflege der persönlichen Verbindung zu Christus.

Das ist unser Wandel mit Gott – nicht unser Dienst für ihn. Seit langem mache ich mir Gedanken darüber, wie religiös wir doch manchmal sind. Wir versuchen, dem Nichtchristen klarzumachen, daß echtes Christentum kein System von Verboten und Geboten ist, sondern eine lebendige Verbindung mit Gott. Sobald ein Mensch dann zum Glauben kommt, zwingen wir ihn in eine religiöse Schablone. Er muß zu dieser und jener Versammlung kommen, zu diesem und jenem Gebetskreis, er muß mindestens fünf Minuten »stille Zeit« am Tag halten, sich sozusagen bei Gott melden. Diese und viele andere Vorschriften zwingen den neuen Christen in eine Religiosität und bringen ihn um die Entwicklung seines persönlichen Verhältnisses zu Gott. Nehmen wir an, ich wollte Ihnen das gute Verhältnis beschreiben, das meine Frau und ich zueinander haben, und ich würde Ihnen dann erzählen, daß dieses Verhältnis folgendermaßen funktioniert: Morgens um 6.30 Uhr wachen wir auf. Dann sage ich meiner Frau, daß abends von 18 bis 18.30 Uhr unsere gemeinsame Zeit ist und daß sie zu diesem Zeitpunkt da sein muß. Würde das ein gutes Verhältnis kennzeichnen? Doch bestenfalls eine Bekanntschaft. Mir scheint, daß zu viele Christen nur eine Bekanntschaft mit Gott pflegen und keine Verbindung, die in allen Krisensituationen standhält.

Die Verbindung mit Gott pflegen, ist wie die Pflege jeder anderen Verbindung. Es muß eine Kommunikation stattfinden: Reden (im Gebet zu Gott) und Hören (die geschriebene Offenbarung Gottes). Je intensiver die Kommunikation ist, um so mehr weiß man von Gott, kennt seinen Willen und kann nach seinem Gefallen leben.

Priorität 2: Die Pflege des Verhältnisses zum Partner. Nach der rechten Verbindung zu Gott ist das Verhältnis zum Partner das Wichtigste im Leben der Eheleute. Viele Männer setzen an diese Stelle sehr leicht ihren Beruf, und die Frauen räumen ihren Kindern oft diesen Platz ein. Lange Zeit habe ich in meinem Dienst als Prediger keinen freien Tag genommen. Als Konferenzen und Seelsorgedienst immer mehr zunahmen, wurde die Belastung für meine Frau und unser Verhältnis zueinander untragbar. Obwohl ein Teil der Arbeit des Herrn liegenbleiben würde (wie ich dachte), wenn ich keine vollen sieben Tage mehr investierte, entschloß ich mich für einen freien Tag in der Woche: keine Post erledigen, keine Telefonrufe, keine Artikel schreiben, keine Vorbereitung. Es war erstaunlich, was passierte. Die Arbeit des Herrn brach nicht zusammen, sondern mein Dienst wurde wirkungsvoller. Meine Frau begann aufzuleben und wieder Freude am Leben zu haben, unser Verhältnis zueinander wurde kreativer und erfrischender.

Im Laufe der Jahre habe ich mit vielen Männern gesprochen, die sich darüber beschwerten, daß ihre Frauen so negativ reagierten, wenn sie zum Jagen, Fischen, Golfspielen und dergleichen gingen. Alle diese Frauen hatten eigentlich nichts gegen Jagen und Fischen einzuwenden, sondern sie litten darunter, daß das Eheleben nicht den Vorrang vor allen anderen Aktivitäten einnahm. In all diesen Fällen habe ich den Männern geraten, die Wichtigkeit ihrer Tätigkeiten zu überdenken und ihr Leben neu zu ordnen, und sie darauf hingewiesen, wie wichtig es ist, ihr Verhältnis zu ihren Frauen zu pflegen. Wenn die Kommunikation gepflegt wird und die Dinge ihren richtigen Platz einnehmen, besteht für die Frau keine Veranlassung mehr zu negativer Haltung. (Über diese Prioriät mehr in Teil III.)

Priorität 3: Die Pflege des persönlichen Verhältnisses zu den Kindern. Das ist zweifellos der wichtigste Aspekt in der Kindererziehung. Ich bin davon überzeugt, daß Eltern vieles falsch machen können in punkto Disziplin und trotzdem in der Erziehung noch erfolgreich sein, wenn ein grundsätzlich gesundes Verhältnis zwischen Eltern und Kindern besteht.

Obwohl Prioritäten mehr mit dem Wert der Zeit als mit der Anzahl der Stunden zu tun haben, so muß doch auch gesagt werden, daß für ein gutes Verhältnis zu den Kindern Zeit aufgewandt werden muß. Nehmen Sie sich also jede Woche für jedes Ihrer Kinder Zeit.

Priorität 4: Die Pflege persönlicher Verbindungen innerhalb des Leibes Christi. Ebenso wie Einsamkeit im Eheleben »nicht gut« ist, so ist sie auch innerhalb der Gemeinde Jesu vom Übel. Paulus macht im Brief an die Epheser deutlich, daß ein normales geistliches Wachstum nur möglich ist, wenn der ganze Leib zusammenhängt und ein Glied dem anderen hilft.

Gott arbeitet an uns durch sein Wort und durch andere Menschen. So wie wir unseren Ehepartner als Geschenk Gottes annehmen sollen, so sollen wir auch die anderen Glieder am Leibe Christi als Geschenk Gottes empfangen. In beiden Fällen ist der andere sozusagen der Gesandte Gottes an uns, den wir entsprechend empfangen sollen.

Jesus wertete diese Priorität so hoch, daß er sagen konnte, wenn das Verhältnis der Kinder Gottes untereinander in Ordnung ist, so würde die Welt erkennen können, daß er von Gott gesandt ist.

Priorität 5: Die Pflege persönlicher Verbindungen außerhalb des Leibes Christi. Der Apostel Paulus sagt, daß wir ein gutes Leumundszeugnis haben sollen bei denen, die draußen sind. Unsere Führung am Arbeitsplatz, unter den Nachbarn und einfach überall, wohin wir kommen, ist äußerst wichtig. Es ist nicht möglich, mit Ungläubigen eine enge Gemeinschaft zu pflegen. Wir sind aufgefordert, uns von ihnen zu trennen, aber nicht zu isolieren. Wir sind getrennt von ihnen durch unser Verhältnis zu Gott, durch das Licht, in dem wir leben, durch den Stand der Rechtfertigung, in den uns Gott versetzt hat. Wir sind ein aufgeschlagener Brief für sie, den sie lesen sollen, um Gott finden zu können.

Diese Prioritäten gelten auch für den sogenannten vollzeitlichen Diener am Wort. Erst wenn er sich danach richtet, wird seine Arbeit in der Gemeinde wirklich fruchtbar sein. Er selbst und die Gemeinde stehen in der Gefahr, die Arbeit des Predigers überzubewerten.

Wenn wir den Dingen den richtigen Stellenwert geben, werden wir frei, um nach dem Plan Gottes für die Ehe leben zu können, frei, um höchste Erfüllung in der Ehe zu finden.

III

Wunden oder Segnungen

6 Kommunikation

Bei allen Eheschwierigkeiten ist die fehlende Kommunikation letztlich ein Teil des Problems. Jede Verpflichtung oder Bindung, die jemand eingeht, sei es gegenüber Gott oder einem Menschen, steht oder fällt mit der Kommunikation. Das ist der Kontaktpunkt zwischen zwei Menschen, an dem sich ihr Verhältnis zueinander immer wieder entscheidet. Entweder pflegen sie ihre Verbindung und haben Freude daran, indem sie in richtiger Weise auf den Partner reagieren, oder sie ertragen den anderen nur. Das Letzte ist natürlich verkehrt.

Liebe und Segen sind die Grundlagen jeder echten Kommunikation. Alle Formen der Kommunikation zwischen Mann und Frau müssen diese beiden Elemente als Grundsatz enthalten. Die Liebe öffnet die Tür zu dem anderen, daraus resultiert als Rückwirkung der Segen. Mehr darüber werden wir im nächsten Kapitel hören.

Was ist Liebe? Ganz gleich, welche Beschreibung wir finden könnten, Liebe ist immer aktiv. Viele Ehepaare sehen sich nach kurzer oder längerer Zeit alle dem gleichen Problem gegenüber: Ihr gemeinsames Leben ist schal und langweilig geworden. Die Liebe, die einst in Begeisterung hell loderte, ist kalt geworden, ausgebrannt.

Eine gute Illustration eines schal gewordenen Verhältnisses bietet ein Ehepaar, das ich Jones nennen will. Frau Jones redete nicht mehr mit ihrem Mann; sie war offensichtlich etwas gestört. Deshalb war Herr Jones der Meinung, seine Frau brauche eine psychiatrische Beratung. Nach neun Wochen war der Arzt mit ihr am Ende seiner Weisheit. Er bat Herrn Jones, seine Frau zur nächsten Sitzung zu begleiten. Als sie nebeneinander in seinem Büro saßen, stand der Psychiater auf und gab Frau Jones einen Kuß auf die Wange. Etwas Erstaunliches geschah: Die Frau erwachte aus ihrer Lethargie, fiel ihrem Mann um den Hals und fing an, alles auszupakken, was in den letzten Monaten geschehen war. Ihr Mann war schockiert. Er bat den Arzt in einen Nebenraum und fragte: »Was ist eigentlich geschehen? Ich verstehe das alles nicht.« Der Psychiater sagte ihm: »Sie haben es doch gesehen! Das ist die Behandlung, die ihre Frau mindestens dreimal in der Woche braucht.« Herr Jones kratzte sich am Kopf und meinte verwirrt: »Nun ja, zweimal könnte ich sie ja herbringen, aber dreimal – das geht einfach nicht.« Herr Jones hatte nicht verstanden, um was es ging. Nur er konnte seiner Frau die Behandlung geben, die sie brauchte.

Kleine Dinge können die Liebe sehr gut zum Ausdruck bringen. Für die großen braucht man manchmal nur Geld, während die kleinen oft viel Nachdenken und Initiative erfordern.

Erklärung biblischer Liebe

Es gibt heute so viel Verwirrung in bezug auf Liebe. Die meisten Eheleute haben ein falsches Bild von ihr. Manche Leute sagen zum Beispiel: Ich liebe Orangen. Was meinen sie damit? Doch wohl nur, daß Orangen gut für sie sind, sie geben ihnen etwas. Und nachdem sie alles herausgepreßt haben, was sie haben wollen, werfen sie die Schalen weg. Dieses Konzept von Liebe machen viele Menschen zur Grundlage ihrer Ehe. Wenn jemand sagt »Ich liebe dich«, meint er oft genug nur: Tue etwas für mich! Und wenn ich alles aus dir herausgeholt habe, was ich möchte, bist du wertlos für mich geworden, und ich werde dich wegwerfen. Es ist nichts dagegen einzuwenden, daß wir den Partner attraktiv finden und es gerne haben, wenn er etwas für uns tut. Aber als Grundlage zur Ehe reicht das nicht aus.

Biblische Liebe bedeutet nicht, alles von dem andern zu bekommen, was man nur haben kann, sondern alles zu geben, was man vermag. Sie ist bedingungslos. Sie hat nichts damit zu tun, was der andere vermag. Das griechische Wort für diese Art Liebe ist agape und bedeutet, sich zu verpflichten, für den, den man liebt, das Beste zu suchen und zu tun. Es ist die Verpflichtung, sich selbst dem anderen zu geben.

Die genaueste und deutlichste Beschreibung dieser Liebe finden wir in 1. Korinther 13, 4–7:

»Die Liebe ist langmütig, sie ist gütig; die Liebe eifert nicht, die Liebe prahlt nicht, sie bläht sich nicht auf, sie tut nichts Unschickliches, sie sucht nicht das Ihre, sie läßt sich nicht erbittern, sie rechnet das Böse nicht an; sie freut sich nicht über die Ungerechtigkeit, sie freut sich aber mit der Wahrheit; sie erträgt alles, sie glaubt alles, sie hofft alles, sie erduldet alles.«

Wir wollen einmal genau betrachten, was diese Verse im einzelnen für unsere Ehen bedeuten. Sie sollten dabei auf einige peinliche Eröffnungen gefaßt sein.

Liebe ist langmütig und geduldig. Die Liebe befähigt Sie, Beleidigungen von Ihrem Partner zu ertragen, ohne die erfahrene Kränkung heimzuzahlen. Das bedeutet, ohne Groll und Abneigung für den Partner beten, viele seiner Fehler und Versäumnisse ertragen und darauf warten, daß dieses Verhalten seine Wirkung bei ihm tun wird.

Liebe ist freundlich. Sie reagiert mit Freundlichkeit auf schlechte Behandlung. Sie sucht Gelegenheiten, Gutes zu tun und Liebe zu beweisen.

Liebe ist nicht eifersüchtig. Eifersucht und Neid entspringen einem Verhältnis, das Wetteifern aufbaut. Die Liebe aber will den anderen aufbauen.

Liebe prahlt nicht. Sie versucht nie, sich aufzuspielen, die eigenen guten Taten auf Kosten des Partners herauszustellen. Sie sagt nicht: »Dieses Problem habe *ich* nicht.« Oder: »Du siehst doch nicht, daß *ich* so etwas tue.« Seinen Partner lieben, heißt, ihn höher zu achten als sich selbst.

Liebe bläht sich nicht auf. Arroganz ist eine Haltung von Stolz, die aus der Anbetung des Menschen herrührt und aus einer Kenntnis der Schrift, die das Erkannte nicht anwendet und die dann zu einer »Supergeistlichkeit« führt. Es ist sehr leicht, sich in einer Haltung zu geben, die besagt, daß der andere ja längst noch nicht so weit ist, wie man selbst zu sein meint. Die Liebe tut so etwas nicht.

Liebe tut nichts Unschickliches. Sie benimmt sich nicht unhöflich und ungehörig, nicht entgegen den herrschenden Anstandsregeln. Ein oft geübtes, zerstörendes Benehmen ist es, den Partner lächerlich zu machen oder ihn herunterzusetzen. Weder öffentlich noch privat tut Liebe so etwas.

Liebe sucht nicht das Ihre. Sie sucht nicht die eigenen Interessen, sondern die des Partners. Dazu muß man fleißig die Interessen und

Wünsche des Partners studieren und sich ihre Erfüllung etwas kosten lassen. Ein kleines Beispiel dafür: Ich betreibe gerne alle möglichen Sportarten, aber eines tue ich nicht gerne, nämlich Wandern. Einfach durch die Wälder streifen, das ist nichts für mich. Aber die »Sportart«, die meine Frau bevorzugt, ist eben solches Wandern. Für andere Sportarten wie Tennis ist sie kaum zu begeistern. Eines Tages wurde mir deutlich, wie wenig ich in dieser Richtung für meine Frau getan hatte, und machte den Vorschlag: »Wie wäre es, wenn wir heute einmal wandern würden!« – »Wandern?« – »Ja, laß uns ziellos im Wald herumlaufen!« (Fast hatte ich mit diesem letzten Satz meinen guten Willen schon verloren!) Diese kleine Selbstverleugnung meinerseits öffnete meiner Frau den Blick für einige »wirkliche« Sportarten. Die Liebe sucht nicht das Ihre.

Liebe läßt sich nicht erbittern. Auch nach ständigem Ärger und Beleidigungen wird die Liebe nicht bitter und ablehnend, sie reagiert nicht empfindlich oder ärgerlich.

Liebe rechnet das Böse nicht an. Jemand, der liebt, ist nicht beleidigt, wenn ihm Böses zugefügt wird. Er rechnet dem anderen das Böse nicht als Schuld an, die einmal bezahlt werden muß. Die Liebe unterstellt dem anderen keine unlauteren Motive.

Liebe freut sich nicht über die Ungerechtigkeit. Die Liebe hat kein Vergnügen an dem Mißgeschick, das dem Partner zugestoßen ist; sie denkt nicht: Das geschieht ihm recht. Sie läßt sich zu keiner Schadenfreude hinreißen, wenn der Partner die Konsequenzen seines verkehrten Handelns zu spüren bekommt, auch dann nicht, wenn man ihn vorher gewarnt hat.

Liebe freut sich mit der Wahrheit. Jemand, der liebt, möchte der Wahrheit entsprechend handeln. Hitzige Debatten entstehen meistens, wenn man Recht behalten will, weniger, wenn man versucht, die Wahrheit herauszufinden. Wenn ich mit meiner Frau nicht einer Meinung bin und weiß, daß sie eigentlich im Recht ist, liegt mir wenig daran, die Wahrheit klarzustellen. Ich mime dann den Überlegenen und sage: »Es ist lächerlich, daß wir uns darüber streiten. Laß uns das Thema wechseln.« Wenn ich mich dagegen im Recht weiß, lege ich Wert darauf, das auch klarzustellen. Das zeigt, wie wenig wahrheitsliebend ich oft bin.

Liebe erträgt alles. Die Liebe befähigt beide Ehepartner, stillschweigend Dinge zu ertragen und dadurch das verkehrte Handeln des anderen vor den Außenstehenden zu verbergen. Extreme Eheprobleme werden oft unter dem Vorwand von Geistlichkeit in Gebetsversammlungen oder dergleichen offenkundig gemacht. Das ist ein Vertrauensbruch. Die Liebe trägt alles.

Liebe glaubt alles. Die Liebe nimmt immer das Beste von dem anderen an. Volles Vertrauen in den Partner gibt ihm das Wertgefühl, das jeder Mensch braucht. Das ist auch der Weg, positive Änderungen in einem Menschen zu bewirken, den man liebt. Eine eheliche Einheit ist schlechterdings unmöglich ohne Liebe und Vertrauen.

Liebe hofft alles. Die Liebe gibt Ihnen die zuversichtliche Erwartung, daß die Beleidigungen, die Ihnen Ihr Partner zufügte, und seine Fehler schließlich wieder gutgemacht und korrigiert werden, selbst wenn es manchmal gar nicht danach aussieht. Diese zuversichtliche Hoffnung gründet sich auf die Liebe und Fürsorge Gottes.

Liebe erduldet alles. Am geduldigen Tragen ist die Liebe zu Gott zu erkennen. Sie befähigt, jede Trübsal in Zuversicht und mit freudigem Herzen zu ertragen; denn daraus wächst die Selbstzucht und damit der Segen Gottes. Scheidung ist nicht das Zeichen der Liebe, die alles ertragen kann. Das Wesen der Liebe ist Hingabe!

1. Korinther 13 zeigt einen Lebensstil. Alle Verben in diesen Versen stehen in der Gegenwartsform. Damit wird betont, daß wir ständig und gewohnheitsmäßig nach diesem Maßstab der Liebe handeln sollen. Das heißt aber nicht, daß jemand, der nicht alle diese Qualitäten in jeder Minute einsetzt, notwendigerweise im Gegensatz zu der biblischen Aussage lebt. Wir stehen hier vielmehr in einem Wachstumsprozeß.

Das Werden biblischer Liebe

Christus zeigte der Gemeinde in Ephesus drei Schritte zur Wiederherstellung ihrer ersten Liebe (Offb. 2, 4–5). Dieselben Schritte möchte ich hier zur Entwicklung einer ehelichen Gemeinschaft empfehlen, die auf biblische Liebe gegründet ist.

Der erste Schritt heißt, sich *erinnern;* nicht unbedingt daran erinnern, wie es war, sondern wie es sein soll. Nach drei unglücklichen Ehejahren kam eine Frau zu mir und klagte, daß sie keine Liebe für ihren Mann empfinden könne. Sie war von ihren Eltern zu dieser Ehe gezwungen worden, die nur auf sexueller Basis bestand. Könnte man dieser Frau sagen, sie solle sich daran erinnern, wie es am Anfang gewesen sei? Wohl kaum!

Der Schritt der Erinnerung bedeutet, sich der fünfzehn Dimensionen der Liebe zu erinnern, die wir uns gerade vor Augen gehalten haben. Durch unsere Umwelt werden unsere Gedanken in bezug auf Liebe ständig völlig falsch programmiert. Deshalb müssen wir unser Denken umformen. Wir müssen nachdenken über das, was die Bibel über Liebe sagt; wir müssen die biblischen Gedanken in uns aufnehmen, damit wir sie gegenüber unserem Ehepartner anwenden können.

Der zweite Schritt zur Entwicklung biblischer Liebe ist die *Umkehr.* Nun, da wir erkannt haben, was wir tun und was wir nicht tun sollen, müssen wir eine Entscheidung treffen. Ohne diese Entscheidung lassen wir uns treiben. Nur wenn wir unseren Ehepartner mit der biblischen Liebe lieben *wollen,* können wir es auch tun.

Der dritte Schritt ist der schwerste. Er heißt, *zurückkehren zu den ersten Taten.* Nach der gewonnenen Erkenntnis müssen wir nun handeln. Biblische Richtlinien stehen nie in einem leeren Raum, sie erfordern Taten. Glaube ohne Werke ist tot. Liebe, die sich nirgendwo zeigt, ist wertlos. Um mit dem Konzept der Liebe zu beginnen, nehmen Sie sich eins der besprochenen Gebiete vor und praktizieren Sie auf diesem Gebiet die biblische Liebe gegenüber Ihrem Ehepartner. Ihr Tun könnte überwältigend wirken.

7 Segen auf Ihr Haupt

Der zweite Kommunikationsgrundsatz heißt: segnen. Segnungen öffnen die Tür zur Kommunikation in einem rück- oder gegenwirkenden Sinn. Das ist vielleicht das radikalste Prinzip menschlicher Gemeinschaft. Liebe ist revolutionär. Diese Formulierung akzeptieren wir noch. Aber auf eine Beleidigung mit Segnungen reagieren, ist mit dem, was der Mensch zu tun gewohnt ist, nicht zu vereinbaren.

Die normale Reaktion auf eine Beschimpfung ist eine noch saftigere Beschimpfung. Biblische Beispiele für Beleidigungen und Beschimpfungen sind interessant. Sie mögen Ihre besondere Stärke in einer der folgenden Aufzählungen entdecken:

Jemand titulieren: Apostelgeschichte 23, 4

Sarkasmus und Spott: Johannes 9, 28

Ein keifendes Weib; Sprüche 25, 24 und 27, 15

Ein streitsüchtiger Mann: Sprüche 26, 21

Beleidigungen und Beschimpfungen ganz allgemein: 1. Korinther 5, 1 und 6, 9.

Solche Reaktionen würden Sie nur in einen Kleinkrieg stürzen. Die einzig richtige Antwort auf Beschimpfungen sind Segnungen. Nach längeren Ausführungen über die richtige Haltung des Gläubigen in verschiedenen Situationen faßt der Apostel Petrus alles Gesagte in das Prinzip des Segnens zusammen:

»Endlich aber seid alle gleichgesinnt, mitfühlend, brüderlich, barmherzig, demütig! Vergeltet nicht Böses mit Bösem oder Scheltwort mit Scheltwort, sondern im Gegenteil segnet, weil ihr dazu berufen seid, daß ihr Segen ererbet. Denn wer das Leben liebhaben und gute Tage sehen will, der hüte seine Zunge vor dem Bösen und seine Lippen davor, daß sie Trug reden! Er meide das Böse und tue das Gute, er suche Frieden und jage ihm nach! Denn die Augen des Herrn achten auf die Gerechten und seine Ohren auf ihr

Gebet; aber das Angesicht des Herrn ist gegen die Übeltäter«
(1. Petr. 3, 8–12).

Was ist ein Segen?

Wir können vier Arten von Segnungen in der Bibel unterscheiden.
(1) Der Lobpreis Gottes und Christi (Offb. 5, 12–13 u. 7, 12). Welche guten Eigenschaften Ihres Partners können Sie loben? (2) Wohltaten – Geschenke (Röm. 15, 29; Gal. 1, 3). Was können Sie Ihrem
Partner Gutes tun? Auf welche Weise können Sie ihm ein Segen
sein? (3) Gott danken für seine Geschenke und seine Güte (Luk. 1,
64 u. 2, 28; Mark. 6, 41). Für welche Qualitäten Ihres Partners sind
Sie dankbar, und wie können Sie ihm das mitteilen? (4) Gottes Güte
und Freundlichkeit erbitten. Für welche bestimmten Dinge im Leben Ihres Partners sollten Sie beten und Gottes Segen erbitten? Das
sind die Segnungen, mit denen Sie Beleidigungen und Beschimpfungen beantworten sollten.

Dieses Prinzip geht durch das ganze Neue Testament.

»Vergeltet niemandem Böses mit Bösem; seid auf das Gute bedacht
vor allen Menschen« (Röm. 12, 17).

»Sehet zu, daß keiner einem anderen Böses mit Bösem vergelte,
sondern jaget allezeit dem Guten nach gegeneinander und gegen je-
dermann!« (1. Thess. 5, 15).

»Wir mühen uns ab in der Arbeit mit unseren Händen. Werden wir
geschmäht, so segnen wir; werden wir verfolgt, so dulden wir es«
(1. Kor. 4, 12).

»Segnet die, welche euch fluchen; bittet für die, welche euch belei-
digen« (Luk. 6, 28).

»Ihr habt gehört, daß gesagt ist: Du sollst deinen Nächsten lieben
und deinen Feind hassen. Ich aber sage euch: Liebet eure Feinde
und bittet für die, welche euch verfolgen, damit ihr Söhne eures Vaters im Himmel seid! Denn er läßt seine Sonne aufgehen über Böse
und Gute und läßt regnen über Gerechte und Ungerechte. Denn
wenn ihr nur die liebt, die euch lieben, was habt ihr für einen Lohn?
Tun nicht auch die Zöllner dasselbe? Und wenn ihr nur eure Brüder
grüßt, was tut ihr Besonderes? Tun nicht auch die Heiden dasselbe?« (Matth. 5, 43–47).

Warum segnen?

Warum können wir nicht einfach Gerechtigkeit walten lassen? Warum sollen wir segnen? Böses mit Gutem zu vergelten, segnen statt fluchen, ist weit entfernt von dem normalen Denken der Menschen. Wenn Gott jedoch der Schöpfer der Familie ist, so weiß er auch, wie sie am besten leben kann.

Wie bei allen seinen Anweisungen, so läßt Gott uns auch hier nicht einfach im Dunkeln tappen. Er erklärt uns, warum wir segnen sollen, und gibt in 1. Petrus 3, 9–12 vier Gründe dafür: Erstens: ». . . weil ihr dazu berufen seid, daß ihr den Segen ererben sollt« (V. 9). Christen sollen die Segnungen des Lebens genießen; dazu sind sie von Gott berufen. Aber um Segen empfangen zu können, muß man segnen.

Zweitens: ». . . wer das Leben liebhaben und gute Tage sehen will, der hüte seine Zunge« (V. 10). Wer segnet statt flucht, hält sein Leben frei von enttäuschten Erwartungen und Spannungen. Viele Menschen tragen Belastungen, die durch eigenes falsches Verhalten gegenüber anderen entstehen. Bitterkeit und Groll nagen an dem inneren Menschen, verursachen nicht selten Magengeschwüre und können unter Umständen zum Tod führen. Segnen statt fluchen, das nimmt die Bitterkeit hinweg.

Drittens: »Die Augen des Herrn merken auf die Gerechten und seine Ohren auf ihr Gebet« (V. 12). Der Herr wird die beschützen, die segnen, und auf ihre Gebete achten. Manche Menschen denken, jemand zu segnen statt sich zu wehren, gibt dem anderen erst recht die Gelegenheit zum Übervorteilen. Aber die Verheißung Gottes für den Segnenden widerspricht diesem Denken.

Nun mag sich jemand wundern, warum Petrus nichts von der Verantwortung dessen sagt, der beleidigt, schmäht und übervorteilt. Es ist aber kein Zufall, daß die biblische Aussage hier scheinbar einseitig ist. Es ist wichtiger, daß ich lerne, auf Schmähungen und Schläge in göttlicher Weise zu reagieren, als daß ich errettet werde von dem, der mir Böses zufügt. Gott möchte, daß wir solche Situationen als Lernprozeß betrachten, als Gelegenheit, zur vollen Reife heranzuwachsen, und nicht uns als Gefangene der Umstände zu sehen.

Wenn wir auf die Fehler unseres Partners nach dem Willen Gottes reagieren, dann will Gott anfangen, an ihm zu arbeiten.

Viertens: ». . . aber das Angesicht des Herrn steht wider die, die Böses tun« (V. 12). Wer es ablehnt zu segnen und stattdessen Böses tut, muß mit dem lebendigen Gott rechnen; Gott wird ihn zur Rechenschaft ziehen. Der Apostel Paulus sagt in Römer 12, 19–21 etwas darüber:

»Rächet euch nicht selbst, Geliebte, sondern gebet Raum dem Zorn Gottes; denn es steht geschrieben: Mir gehört die Rache, ich will vergelten, spricht der Herr. Vielmehr, wenn deinen Feind hungert, so speise ihn; wenn ihn dürstet, so tränke ihn. Denn wenn du das tust, wirst du feurige Kohlen auf sein Haupt sammeln. Laß dich vom Bösen nicht überwinden, sondern überwinde das Böse durch das Gute!« Damit Gott an dem, der Ihnen Böses zufügt, arbeiten kann, müssen Sie aus dem Weg gehen – »gebet Raum dem Zorn Gottes«. Lassen Sie Gott durch Ihre Segnungen an dem Übeltäter arbeiten; er kann das viel besser tun, als Sie es je könnten.

Wie kann man segnen?

Von wem könnten wir das Segnen besser lernen als von Jesus? Aus 1. Petrus 2, 21–25 möchte ich vier Schritte dazu herausarbeiten.

Schritt 1: Kein persönliches Unrecht darf vorhanden sein (siehe V. 22). Wir können niemand segnen, wenn unvergebene Sünde zwischen uns und Gott und zwischen uns und demjenigen steht, dem wir Unrecht getan haben. Mit einem Beispiel will ich das näher erläutern. Meine Frau und ich waren verschiedener Meinung über etwas. Wir gerieten in einen Wortwechsel, und Carol wurde ganz aufgeregt dabei, viel mehr, als es der Situation angemessen war. Ich verließ den Raum, um die Szene etwas abkühlen zu lassen. Als ich zurückkam, sagte ich meiner Frau eine Anerkennung für etwas, was sie sehr gut gemacht hatte. Sie hielt mir entgegen: »Wenn das ein Lob sein soll, so kannst du dir den Atem sparen. Das funktioniert nicht!« Peng! Ich dachte, ich höre nicht recht, und fragte zurück: »Wie meinst du das?« – »Wenn du denkst, du kannst deine Beleidigung mit einem Lob zudecken, so hast du dich getäuscht!« Ohne daß es mir bewußt geworden war, hatte ich sie mit meinen Worten verletzt (was typisch für mich ist). Als der Verletzende war ich disqualifiziert für Segnungen.

Schritt 2: Sich vornehmen zu segnen, wenn man beleidigt wird (siehe V. 23). Der schwierigste Augenblick zu segnen ist zweifellos gerade in dem Moment, wo wir auf irgendeine Weise verletzt werden. Da können die Fragen sehr hilfreich sein, die wir weiter oben schon einmal stellten:

Für welche guten Eigenschaften kann ich meinen Partner loben? Was kann ich ihm Gutes tun?

Auf welche Weise kann ich ihm Gutes tun?

Für welche Eigenschaften meines Partners kann ich danken? Wie kann ich ihm meine Dankbarkeit zeigen?

Für welche bestimmten Dinge im Leben meines Partners soll ich zu Gott beten?

Schritt 3: Geben Sie sich selbst erneut Gott hin, und sagen Sie ihm Ihre Lage. Danken Sie Gott für die Gelegenheit, Christus ähnlicher zu werden (siehe Röm. 8, 28–29 und 1. Thess. 5, 18). Befehlen Sie sich dem Schutz Gottes an und geloben Sie vor ihm, sich von dem »Schlachtfeld« zurückzuziehen, damit er sein Werk beginnen kann, und lassen Sie es zu, daß er es mit einem Segen beginnen kann. Lesen Sie Römer 12, 17–21.

Schritt 4: Bereit sein zu leiden, damit der Irrende geheilt wird (siehe 1. Petr. 2, 24). Ihre Segnungen mögen nicht gleich alle Probleme lösen; Sie mögen sogar als der Geprellte dastehen. Dann denken Sie an Christus! Was ist das Ergebnis der Leiden Jesu? Die irrenden Schafe kehren zu dem Hirten zurück.

Eine Frau, die die größten Beleidigungen von ihrem Mann erduldete, die ich je erlebt habe, tat ihm mehr Gutes, als man für möglich halten kann. Der Mann war Reisevertreter und die Hälfte eines jeden Monats unterwegs. Er sagte seiner Frau, daß er nur nach Hause komme, um seine sexuellen Gefühle bei ihr abzureagieren, und brüstete sich obendrein mit den Erlebnissen, die er überall mit anderen Frauen hatte. Selbst in Gegenwart der Kinder sprach er über diese Frauen. Es war eine Tragödie. Niemand hätte der Frau verübelt, wenn sie sich hätte scheiden lassen. Aber jemand hatte mit ihr geredet und sie herausgefordert, ihrem Mann durch ihre Segnungen zu helfen. Es war eine wirkliche Prüfung für die Frau und ihre Liebe. Drei Jahre dauerte es, bis er ganz zu ihr zurückkehrte. Heute lebt die Familie glücklich zusammen. Ob das eine harte Zeit war? Es war die Hölle auf Erden! War es die Sache wert? Die Familie könnte nicht glücklicher sein!

Wenn Sie dem Prinzip der Liebe den Segen hinzufügen, haben Sie ein dynamisches Team, das alles überwinden kann. Eine enttäuschte und einsame Frau kam zu mir und schüttete mir ihr Herz aus. Sie erzählte, ihr Mann sei nie zu Hause. An fünf Abenden in der Woche ginge er zu Parties und komme betrunken nach Hause, und an den restlichen zwei Abenden arbeite er. Wir überlegten gemeinsam, wie sie Gott durch ihre Liebe und ihre Segnungen an ihrem Mann arbeiten lassen könnte. Außerdem riet ich ihr, mit ihm zu einer Party zu gehen. »Und mich betrinken?«, fragte sie entsetzt? »Nein, nicht betrinken, nur mitgehen«, riet ich ihr. Als der Mann an diesem Abend von der Arbeit nach Hause kam, war seine Frau schon fertig zum Ausgehen. Er war etwas schockiert und fragte: »Du willst doch nicht etwa mit zur Party gehen?» – »Doch, ich würde gerne mitgehen.« Das war der zweite Schock. Sie gingen zusammen zu der Veranstaltung, und keiner von beiden trank etwas. Sie saßen die ganze Zeit zusammen und redeten miteinander. Als sie an dem Abend zu Bett gingen, waren sie seit langem zum erstenmal zärtlich zueinander. Nach einer Woche rief die Frau mich an und berichtete ganz aufgeregt, ihr Mann sei die ganze Woche zu Hause geblieben und habe mit ihr geredet.

Wenn Ihr Ehepartner Sie verletzt, zahlen Sie ihm bitte nicht mit gleicher Münze zurück. Tun Sie ihm Gutes, und lassen Sie Gott an ihm arbeiten – er wird einen viel besseren Erfolg haben, als Sie je erzielen könnten.

8 Wo ist das Essen?

Zur Kommunikation gehören nicht nur Worte. Jedes gesprochene Wort vermittelt durch Ton und unterstützt durch Gesten eine bestimmte Stimmung oder Gesinnung. Oft sind Worte nicht einmal nötig, um Stimmungen oder Gedanken zu erkennen. Was wir Stimmung, Gesinnung, Gemütsart oder Disposition nennen, bezeichnet die Bibel mit Geist. Der Geist eines Menschen vermittelt mehr, als die meisten Menschen selbst erkennen. In dem Prozeß der Kommunikation ist es von größter Wichtigkeit, auf den eigenen Geist zu achten und auf den des Partners – auf das, was man selbst wirklich vermittelt, und auf das, was der Partner vermitteln will. Allzu oft wird aneinander vorbeigeredet, und es entstehen Mißverständnisse und Enttäuschungen.

Das Ziel der Ehe ist Einheit – Ganzheit. Geistige Kommunikation ist das Mittel zur ehelichen Einheit. Es ist also notwendig, diese geistige Einheit – das Zusammenwirken zweier Geister unter der Leitung Gottes anzustreben.

Die Zusammensetzung des menschlichen Geistes

Es ist interessant, den Geist eines Menschen zu analysieren. Wir wollen hier vier Teilgebiete unterscheiden. Das erste ist die *Stimmung* oder *Laune*. Das ist der bekannteste Gebrauch des Wortes *Geist* in der Bibel. Stimmung oder Laune ist ein beherrschender Zustand, ein Gefühl, das alle Bereiche beeinflußt. Die Bibel spricht von diesem Teil des menschlichen Geistes in verschiedenen Kategorien: einem verwundeten Geist, einem erweckten oder wiederbelebten Geist, einem verhärteten Geist, einem aufrechten Geist und anderen. Der zweite Bereich des menschlichen Geistes ist die *Motivation*. Aus unserem Geist kommen die Beweggründe für unser Tun, für unsere Wünsche und Ziele. Der Geist ist der Sitz guter und schlechter Beweggründe.

Als dritten Bereich können wir die geistige *Wahrnehmungsfähigkeit* nennen, das geistige Erkennen, die Vorstellungskraft. Hier werden unsere Ansichten über Leben und Menschen gebildet. Wir können das Leben von Gottes Warte aus betrachten oder von der Perspektive des Menschen. Wenn wir einen Menschen vom Standpunkt der Welt aus betrachten, kann er eine Bedrohung für uns sein. Betrachten wir denselben Menschen mit den Augen Gottes, so sehen wir seine Nöte und Schwierigkeiten, die für uns eine Herausforderung darstellen. Diese Wahrnehmungsfähigkeit läßt uns auch den Geist des anderen erkennen; es ist die Stelle in uns, die empfindsam oder empfindungslos für den Partner ist.

Der vierte Bereich unseres Geistes ist die *Kontaktfähigkeit mit Gott*. Mit unserem Geist treten wir mit Gott in Verbindung oder lehnen diese Verbindung ab.

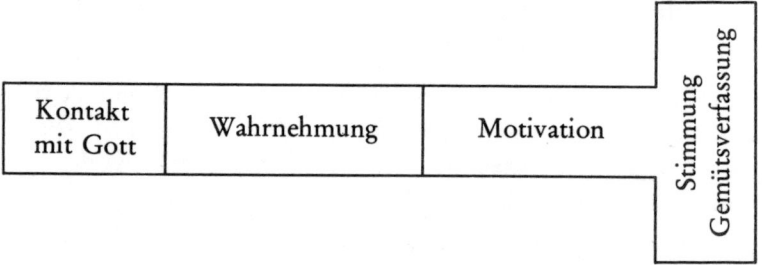

Von der Verbindung mit Gott hängt unsere Lebensanschauung ab. Die Lebensanschauung beeinflußt die Beweggründe des Handelns, der Wünsche und Ziele. Und alles zusammen bildet unsere Gemütsverfassung.

Zusammenbruch der geistigen Kommunikation

Das kann auf zweierlei Weise geschehen: einmal durch den Zusammenbruch des Geistes selbst und zum anderen durch den Zusammenbruch bestimmter Haltungen. Im ersten Fall geht es um den Zusammenbruch von einem oder auch allen vier aufgezeigten Bereichen des Geistes. Die Verbindung mit Gott kann zusammenbrechen. Ein Ehepartner mag den Kontakt mit Gott pflegen und der andere nicht; daraus entsteht ein Konflikt. Oder einer von beiden ist nicht offen für die Führung und die Korrektur durch Gott. Eine Störung der Wahrnehmungsfähigkeit liegt auch vor, wenn ein Partner für den anderen nicht offen ist. Wie oft haben mir schon Männer erzählt: »Meine Frau hat ihre Sachen gepackt und ist ausgezogen, und ich habe nicht die leiseste Ahnung, warum!« Genau das ist das Problem. Er hatte schon seit langem nicht die leiseste Ahnung von seiner Frau. Er ist unempfindlich für sie geworden. Es kann auch einen Zusammenbruch im Bereich der Motivation geben, vor allem, wenn ein Ehepartner gläubig ist und der andere nicht. Das kann folgendermaßen aussehen: Der gläubige Teil sagt: »Wir sollten eigentlich mehr Geld für die Arbeit des Herrn geben.« Der ungläubige Partner denkt: Die fünfzig Mark, die wir letztes Jahr gegeben haben, waren schon zu viel. Es kann Störungen des Stimmungsbereichs geben. Wie etwas gesagt oder nicht gesagt wird, kann durchaus zum Abbruch der Kommunikation führen.

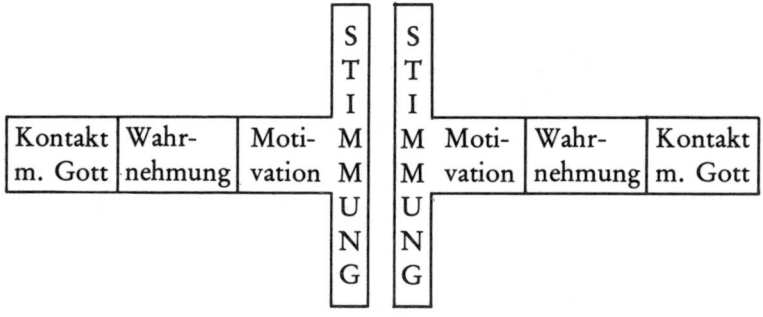

Nicht nur in den einzelnen Bereichen des Geistes kann es zum Zusammenbruch der Kommunikation kommen, sondern auch durch bestimmte Haltungen. Wir wollen einige aufzählen, die wesentlich zum Abbruch der Kommunikation beitragen: Ablehnung, Unverantwortlichkeit, Selbstsucht und eine beleidigende Haltung.

Die ablehnende Haltung wird die Stimmung negativ beeinflussen. Der eine Partner erzählt etwas, was ihm sehr wichtig ist; der andere ist ablehnend und meint vielleicht, das sei lächerlich. Das ist keine ermutigende, die Kommunikation fördernde Haltung. Unverantwortlichkeit tritt besonders zutage, wenn Verwirrung über die Verteilung der Rollen herrscht. Keiner fühlt sich verantwortlich, und jeder denkt, der andere könne das ja tun. Das Stimmungsbarometer beider Partner sinkt dabei immer mehr. Die Selbstsucht, das Drehen um das eigene Ich schließt weitgehend eine Vermittlung in zwei Richtungen aus; denn alles muß ja auf die eine Person gerichtet sein. Die beleidigende Haltung führt zu einem Untergrundkampf; sie nagt ständig an der Gemeinschaft, und an eine Einheit ist bei dieser Haltung gar nicht zu denken.

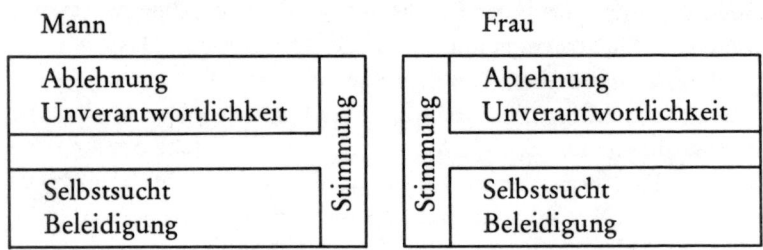

Aufbau geistiger Kommunikation

Schritt 1: Herstellung der Verbindung zu Gott. Die Ehepartner müssen diesen Kontakt gemeinsam herstellen. Das ist aber unmöglich, wenn man nicht persönlich zuvor durch Christus zu Gott gekommen ist. Nachdem jeder der Partner diese grundsätzliche Entscheidung für Gott getroffen hat, ist es notwendig, die Verbindung gemeinsam zu pflegen. Viele Ehepaare erleben Rückschläge und Enttäuschungen bei diesem Versuch zur Einheit. Dabei fehlt es oft gar nicht an dem Wunsch nach dem gemeinsamen Hintreten vor Gott. Im Gegenteil, Ehepaare sind oft so sehr von dieser Notwendigkeit überzeugt, daß schon darin ein Hindernis liegt. Nämlich dann, wenn sie zu oft und zu lange zum gemeinsamen Beten und Bibelstudium zusammenkommen oder wenn das vorgenommene Studium zu schwer ist.

Meine Frau und ich haben in dieser Hinsicht viele vergebliche Versuche unternommen. Während meines ersten Jahres in der Bibelschule empfand ich, daß Carol nicht die Begeisterung entwickelte, die mich selbst beflügelte. So beschloß ich, einen Lehrplan ganz persönlich für sie auszuarbeiten (Timmons Theologisches Seminar). Ich würde ihr während der vier Jahre in jedem Semester einen Kurs geben. Der erste Kurs enthielt das Buch Daniel und die Offenbarung des Johannes (ich war so begeistert). In der ersten Stunde gab ich einen Überblick über das Buch Daniel. Die Reaktion meiner Frau war nicht ganz so, wie ich es mir vorgestellt hatte. Sie gähnte und schaute immer wieder auf die Uhr. Nach dem Überblick setzten wir eine Pause von zehn Minuten an. Als Carol nach fünfzehn Minuten noch nicht zurückgekehrt war, machte ich mich auf die Suche nach ihr. Ich fand sie sehr beschäftigt in der Waschküche. »Oh, ist die Pause schon zu Ende?«, sagte sie, als sie mich kommen sah. Ich gab ihr dann einen Überblick über die Offenbarung. Ihre Reaktion war nicht anders als vorher. Diese Erfahrung war das Ende von Timmons Theologischem Seminar.

Ein anderer Versuch am Anfang unserer Ehe schlug fehl, als wir erkannten, daß wir mehr gemeinsam beten sollten. So viele Menschen kannten wir, die mit dem Leben nicht fertig wurden, für sie wollten wir beten. Wir beschlossen, jeden Tag eine Stunde dafür aufzuwenden und um sechs Uhr morgens damit zu beginnen. Am ersten Tag fingen wir ganz pünktlich an. Wir beteten und beteten und beteten. Dann schauten wir auf die Uhr; es war 6.20 Uhr, und wir sind wieder ins Bett gegangen. Nach drei Tagen haben wir den Versuch aufgegeben.

Um solche Niederlagen zu vermeiden, sollte man keine starren Grundsätze aufstellen, sondern man muß den Beweggrund und das Ziel – das gemeinsame Hintreten vor Gott – im Auge behalten. Es ist vernünftig, diese erste gemeinsame Gebetszeit kurz anzusetzen. Die in Begeisterung gefaßten Entschlüsse, eine Stunde vor Tagesbeginn zu beten und die Bibel zu lesen, kommen nur allzu leicht mit der Wirklichkeit des täglichen Lebens (Kinder, Gäste, Telefon, falsch gestellter Wecker etc.) in Konflikt. Dann sind wir entmutigt. Was nun? Eine Stunde oder eine halbe Stunde ist keine magische Formel. Es ist viel besser, zunächst eine kurze Zeit zu planen. Verlängern kann man sie nach Bedarf und jeweiliger Möglichkeit immer noch.

Um zu einer gemeinsamen, wirklich bedeutungsvollen Zeit vor dem Angesicht Gottes zu kommen, ist es auch gut, eine regelmäßige Zeit festzusetzen. Regelmäßig heißt nicht jeden Tag oder jeden zweiten Tag. Regelmäßig kann auch wöchentlich sein – jährlich würde wohl an der Sache vorbeigehen und niemand nützen. Setzen Sie eine Zeit fest, die Sie einhalten können, und lassen Sie keine anderen Dinge dazwischenkommen. Falls Sie wirklich in einem ganz seltenen Fall eine Ausnahme von der Regel machen müssen, dann holen Sie das Versäumte schleunigst nach.

Als dritter Punkt wäre zu nennen, daß das vorgenommene Studium erreichbar sein muß. Vielleicht das größte Hindernis zur gemeinsamen Begegnung mit Gott liegt in dem zu schwierigen Thema, das man sich vornimmt, oder auch in einem Thema, das nur für einen Partner aktuell ist. Auf jeden Fall müssen beide Partner an dem Studium interessiert sein und davon gewinnen. Während dieser Zeit sollen beide von Gott lernen und gemeinsam ihre Verbindung zu ihm festigen. Es ist keine Gelegenheit, den anderen zu schulmeistern oder zu kritisieren, sondern eine Möglichkeit, gemeinsam neue Erkenntnisse zu gewinnen und ermutigt zu werden. Eine Betrachtung der Sprüche unter verschiedenen Gesichtspunkten kann äußerst praktisch und aufbauend sein. Es gibt heute auch viele Hilfsmittel: Andachtsbücher, Einführungen in die einzelnen Bücher der Bibel und in verschiedene Themen, Bibellesepläne etc. Hüten Sie sich davor, theoretisch zu werden. Stellen Sie sich immer die Frage: Was bedeutet das heute für uns? Gottes Wort hat *immer* mit unserem täglichen Leben zu tun, es ist nie Theorie.

Es gibt keine allgemein gültige und wirksame Methode, nach der man seine gemeinsame Zeit mit Gott aufbauen kann; dazu ist das Leben der Menschen zu verschieden. Aber was immer Sie unternehmen, bauen Sie einen regelmäßigen, fruchtbaren Kontakt zu Gott auf.

Noch wichtiger als die Planung und Einhaltung bestimmter Zeiten mit Gott ist allerdings das spontane Reden mit ihm, das aus dem täglichen Geschehen kommt. Wie viele Situationen gibt es doch, in denen wir Gottes Weisung brauchen, ihm unseren Dank bringen und ihn loben und preisen können. Diese Möglichkeiten nicht wahrzunehmen, hieße, an den goldenen Gelegenheiten, das Wort Gottes in unser Leben umzusetzen, völlig vorbeizugehen.

Schritt 2: Bilden Sie Ihr Wahrnehmungsvermögen aus – versetzen Sie sich in die Lage Ihres Partners. Männer und Frauen unterscheiden sich in ihrem Denken in bezug auf manche Dinge grundsätzlich voneinander. Das sollte jeder wissen und berücksichtigen. Einer der Unterschiede besteht darin, daß der Mann die Dinge auf lange Sicht hin betrachtet und die Frau mehr daran denkt, wie diese Angelegenheit *jetzt* im Augenblick aussieht und welche Probleme *jetzt* daraus erwachsen. Läßt man diese Verschiedenheit unbeachtet, so führt das zu Mißverständnissen und Enttäuschungen. Eine solche Situation entsteht bei uns oft, wenn ich davon begeistert bin, in ein anderes Land zu ziehen. Als ich kürzlich von der Möglichkeit erfuhr, nach Israel zu gehen, bin ich durch die ganze Stadt gerast, um meiner Frau davon zu erzählen. »Wir gehen für einen Monat nach Israel!«, schrie ich ihr schon von der Haustüre aus zu. Ihre Reaktion: »Und was geschieht mit den Kindern und dem Haus, und wo nehmen wir das Geld dazu her?« Das wirkte wie ein Eimer kalten Wassers über meinen Kopf gegossen. Aber das war meine eigene Schuld. Denn ich kenne das Denken meiner Frau, das sehr praktisch ist, und ich hätte es berücksichtigen sollen.

Ein anderer Unterschied liegt darin, daß Männer mehr stofflich oder körperlich und Frauen mehr nach dem Gefühl ausgerichtet sind. Das heißt nicht, daß keiner von beiden denkt, auch nicht, daß der Mann gefühllos und die Frau nur Gefühl wäre. Aber es bedeutet, daß die Tür zur intimsten Kommunikation bei dem Mann das Körperliche und bei der Frau das Gefühl ist. Wenn ein Mann intimen Verkehr mit seiner Frau sucht, so muß er ihr Gefühlsleben ansprechen, er braucht Einfühlungsvermögen, er muß Wärme und Zärtlichkeit bieten. Sucht eine Frau Zugang zu ihrem Mann, so muß sie ihn körperlich, sexuell ansprechen. Das Letzte hat man in grober Weise verdreht. Viele sagen, sexuelle Kommunikation sei eine Einbahnstraße, sie sei nur für den Ehemann eine Freude, aber nicht für die Frau. Nichts ist weiter von der Wahrheit entfernt als diese Behauptung. Darauf werden wir in Kapitel zehn noch näher eingehen.

»Ich habe nur noch drei Wochen, und dann wird meine Ehe zu Ende sein!« Ein hoffnungsloser Fall! Der Mann dieser Frau hatte ihr im Dezember gesagt, daß er sie Ende Januar verlassen würde. Gründe dafür hatte er nicht genannt, sondern er hatte sich nach dieser Bekanntmachung völlig in sich selbst zurückgezogen. »Was kann ich tun?«, wollte diese Frau wissen. »Er will absolut nicht darüber reden.« Nach weiteren Fragen, die keinen Aufschluß brachten, sagte ich der Frau, daß ich zwar eine Idee hätte, aber ich sei ganz sicher, daß sie die nicht werde ausführen können. Sie bat und bat, ihr doch zu sagen, was ich meine. Schließlich versicherte sie, sie sei bereit *alles* zu tun, um ihre Familie zusammenzuhalten.

Das war der Ausgangspunkt, den ich brauchte, und ich riet ihr, ihren Mann doch einmal sexuell zu überwältigen. »Wer, ich?« entgegnete sie. »Na, wer denn sonst?« gab ich ihr zu bedenken. Sie bekannte: »Das habe ich noch nie getan.« Nachdem ich sie überzeugt hatte, daß eine solche Tat von der Bibel her durchaus zu rechtfertigen sei, stimmte sie dem Vorschlag zu.

Am nächsten Tag rief sie mich an und erzählte: »Es ist kaum zu glauben. Mein Mann hat tatsächlich angefangen zu reden gestern abend. Irgend etwas läuft in seinem Büro verkehrt, aber er hat mir nicht die ganze Lage erklärt. Ich weiß, daß es nicht nur die häusliche Situation ist, vor der er davonlaufen möchte. Was raten Sie mir, was ich weiter tun soll?« – »Was sie weiter tun sollen? Immer wieder dasselbe, liebe Frau!« Einige Tage später rief sie wieder an: »Er hat mir alles gesagt. Wir haben die gesamte Lage besprochen. Ich konnte sogar eine Lösung des Problems im Büro vorschlagen. Es war genau die Antwort, die er brauchte. In den dreizehn Jahren unserer Ehe haben wir nie besser miteinander reden können.«

Schritt 3: Bewirken Sie Veränderungen im Leben Ihres Partners durch die richtige Motivation. Den falschen Einstellungen, die eine wirkliche Kommunikation verhindern, müssen Sie mit neuen Zielen und neuer Hingabe begegnen. Um Ablehnung entgegenzuwirken, brauchen Sie ein neues Konzept der Ganzheit, ein Arbeiten mit anderen Methoden auf dieses Ziel hin (Kap. 1 u. 2). Wenn Sie dem Mangel an Verantwortungsbewußtsein abhelfen wollen, dann fangen Sie an, sich ihrer Verantwortung als Haupt oder als Gehilfin mit neuer Hingabe ganz und gar zu widmen (Kap. 3, 4 u. 5). Um die Selbstsucht zu überwinden, fangen Sie an, selbstlose, bedingungslose Liebe zu praktizieren (Kap. 6). Um Ihre verletzende Haltung abzubauen, fangen Sie an zu segnen, statt zu fluchen; fangen Sie an, Böses mit Gutem zu vergelten (Kap. 7).

Können Sie sehen, was geschehen wird? Die Regeln für eine vollkommene Ehe wirken ineinander; sie sind wie die Teile eines Puzzles, die ein vollkommenes Ganzes ergeben, wenn man sie zusammensetzt.

Schritt 4: Achten Sie auf Ihre Stimmung und auf die Ihres Partners. Das ist ein Teil des Weges zur geistigen Einheit. Wie wir schon gesagt haben, ist der Begriff Stimmung die gebräuchlichste Bedeutung des Wortes *Geist* in der Bibel. Die Sprüche Salomos haben einiges über unsere Stimmung zu sagen, soweit sie mit der Kommunikation zu tun hat.

»Gelassene Zunge ist ein Baum des Lebens; falsche Zunge bringt Herzeleid« (Spr. 15, 4).

»Ein fröhliches Herz ist die beste Arznei; ein gedrücktes Gemüt dörrt das Gebein aus« (Spr. 17, 22).

Grundsätze über Stimmungen, die die Kommunikation beeinflussen, können nach Jakobus 1, 19 in drei Gruppen eingeteilt werden: schnell zum Hören, langsam zum Reden, langsam zum Zorn.

Schnell zum Hören

Zum Hören muß man den Mund zumachen. Das ist vielleicht der augenfälligste, aber auch der am meisten vernachlässigte Grundsatz.

»Wo viel geredet wird, bleibt Verfehlung nicht aus; wer aber seine Lippen im Zaum hält, handelt klug« (Spr. 10, 19).

»Wer seinen Mund hütet, bewahrt sein Leben; wer seine Lippen aufreißt, dem ist es Verderben« (Spr. 13, 3).

»Auch der Tor kann für weise gelten, solange er schweigt, für verständig, wenn er seine Lippen verschließt« (Spr. 17, 28).

Schaffen Sie eine furchtlose Atmosphäre. Ein bedrohendes Klima ist leicht herzustellen – sogar ohne Worte. Ein Blick oder eine Geste, die mitteilt: *Das ist lächerlich oder unwichtig,* ist eine ganz allgemeine Praxis, um den Partner einzuschüchtern. Aber das ist alles andere als schnell zum Hören sein.

»Unter den Übermütigen ist immer Streit; aber Weisheit ist bei denen, die sich raten lassen« (Spr. 13, 10).

Einfühlungsvermögen, nicht Mitleid wird gebraucht. Versuchen Sie, die Empfindungen zu verstehen statt die Worte. Mitleid mit dem Partner haben, bedeutet, ihm wohlwollend auf die Schulter zu klopfen und ein paar mehr oder weniger belanglose Worte zu sagen. Einfühlungsvermögen heißt dagegen, sich mit dem anderen zu identifizieren, sich in ihn hineinzuversetzen, seine Lage zu der eigenen zu machen.

Stellen Sie klärende Fragen. Beim Zuhören kann es nötig werden, das eine oder andere zu fragen, um sicher zu gehen, daß man richtig verstanden hat. So kann man etwa fragen: »Du meinst . . .« Aber man sollte nicht sagen: »Du meinst doch nicht etwa . . .« Auch wenn Sie Fragen stellen, bleiben Sie bitte offen für den anderen und demonstrieren Sie Offenheit.

Langsam zum Reden

»Gram im Herzen eines Mannes beugt ihn nieder; ein freundliches Wort macht ihn wieder froh« (Spr. 12, 25).

Halten Sie die Kommunikationslinien offen. Wenn Spannungen in der Kommunikation auftreten, können Sie diese beseitigen, indem Sie über sich selbst lachen, Ihre Wertschätzung in Worten zum Ausdruck bringen, echte Sorge zeigen, wesentliche Fragen stellen. Leider besteht in vielen Ehen die bedeutungsvollste und kreativste Frage nur in der Erkundigung, wie man den Tag verbracht habe. Die übliche und ermutigende Antwort darauf ist ein vielsagendes *gut.* Welche bedeutsame Kommunikation!

Vermeiden Sie explosive Worte wie immer und niemals.

Beispiel: Die Frau sagt: »Du kommst aber auch nie pünktlich zum Essen!« Sie sagt damit, daß er nicht ein einziges Mal in all den Jahren rechtzeitig zum Essen nach Hause gekommen ist. Stimmt das aber wirklich? Der Mann denkt an die Tage, an denen er wirklich einmal pünktlich war, und schon fängt der Streit an.

Vermeiden Sie Sarkasmus, Spott und versteckte Anspielungen. Denn sie verursachen nur Zorn.

»Gelinde Antwort stillt den Grimm; kränkende Rede erregt den Zorn« (Spr. 15, 1).

»Liebliche Reden sind Honigwaben, süß für die Seele und eine Arznei dem Gebein« (Spr. 16, 24).

Vermeiden Sie die »Faß-dich-an-deiner-eigenen-Nase-Reaktion«.

Wenn einer dem anderen Verantwortungslosigkeit auf einem bestimmten Gebiet vorwirft, so ist der Beschuldigte gewöhnlich nicht bereit, über den betreffenden Vorfall zu diskutieren, sondern er zahlt dem Angreifer mit gleicher Münze heim, indem er ihn an seine eigene Verantwortungslosigkeit erinnert. Aber in dieser Situation kann das bestehende Problem nicht besprochen und gelöst werden. Die Partner rechnen nur ihre Fehler gegeneinander auf, was zu nichts führt.

Langsam zum Zorn

»Wer Einsicht hat, hält mit seinen Worten zurück, und der Kaltblütige ist ein verständiger Mann« (Spr. 17, 27).

»Der Tor hat kein Gefallen an Einsicht, sondern daran, seine Gedanken auszukramen« (Spr. 18, 2).

Ihr Beweggrund soll nicht sein, Recht behalten zu wollen, sondern zu gegenseitigem Verständnis zu gelangen. Es ist nichts Verkehrtes daran, verschiedener Meinung zu sein und darüber zu diskutieren. Die Freiheit zur eigenen Meinung ist sehr wichtig. Das Ziel muß allerdings sein, zum wirklichen Verstehen der anderen Ansicht zu kommen. Die meisten Streitgespräche in den Familien entstehen aus dem Konkurrenzkampf, aus der Notwendigkeit, Punkte für sich zu sammeln. Das ist eine ganz unnütze Praxis, die die Einheit untergräbt. *Halten Sie Ihre Gefühle unter Kontrolle.* Debatten werden zum Streit, wenn mehr Hitze (Gefühl) als Licht (Verständnis der Sache) vorhanden ist. Sprechen Sie leise. Schreien fördert gefühlsmäßige Reaktionen, wobei dann nicht mehr auf das Gesagte geachtet wird. Auch bestimmte Bewegungen wie Aufspringen, den Stuhl mit Nachdruck unter den Tisch schieben, lösen leicht Gefühlsausbrüche aus. Solche raschen Bewegungen heizen die Atmosphäre nachhaltig an. Im allgemeinen wird der Partner mit größerem Stimmaufwand darauf reagieren, und er steht dann als derjenige da, der zuerst die Kontrolle über sich verloren hat; aber in Wahrheit ist es der andere, der diese Reaktion ausgelöst hat. Beim Autofahren lasse ich manchmal meinem Zorn freien Lauf, indem ich aufs Gaspedal trete, was natürlich sehr gefährlich sein kann, aber bei meinem VW keine Wirkung zeitigt.

»Zürnet ihr, so sündiget nicht; lasset die Sonne nicht über eurem Zorn untergehen, und gebet nicht Raum dem Lästerer« (Eph. 4, 26–27).

Bringen Sie die Dinge in Ordnung, bevor Sie schlafen gehen. Lösen Sie vorher alle hitzigen Meinungsverschiedenheiten. Wenigstens müssen Sie zu dem Punkt kommen, an dem beide einverstanden sind, nicht über das Problem zu streiten und keinen Groll zu hegen. Sehr viele Menschen nehmen ihre Spannungen und Enttäuschungen mit ins Bett und bauen eine Ablehnung auf, die sich dann oft viel später in einer Explosion Luft macht.

Geistige Kommunikation ist notwendig für die Einheit in der Ehe. Eine gute Hilfe zur geistigen Einheit ist das Achten auf den Geist des Partners und den eigenen Geist.

9 Sexuelle Liebe in der Bibel

Körperliche Kommunikation ist der intimste Ausdruck ehelicher Verbindung. Verschiedene Studien und Befragungen haben ergeben, daß die meisten Ehen wegen sexuellen Problemen geschieden werden. Dabei sind diese Schwierigkeiten gewöhnlich nur der Ausdruck tiefer liegender Probleme. Da der Geschlechtstrieb so stark ist, ist das nur der Blickpunkt, auf den sich die ehelichen Konflikte richten. Wenn in der Ehe ein Geist des Wettstreits und der Ablehnung herrscht, wenn es Probleme in der Rollenverteilung gibt, wenn wirkliche, biblische Liebe und die geistige Einheit fehlen, so wird das alles seinen Ausdruck im sexuellen Verhalten finden.

Obwohl Sex nicht der Schlüssel zum ehelichen Glück ist, sondern nur der bedeutendste Ausdruck desselben, so entstehen doch eine Menge Probleme gerade innerhalb dieses Bereiches, die auf fehlende positive Belehrung zurückzuführen sind. Vieles, was unsere Kinder und jungen Leute heute über das Geschlechtsleben lernen, ist in ungesunder Umgebung hier und da aufgelesen und voll falscher Informationen. Die größte Schuld an der mangelnden Belehrung trifft das Elternhaus und die christlichen Gemeinden. Beide Institutionen sind dafür zuständig, den Menschen zu zeigen, wie sie leben sollen, aber in beiden wird sehr wenig oder gar nichts über die Geschlechtlichkeit gesagt. Es ist leicht zu sehen, warum heute in der christlichen Welt die Meinung vorherrscht, über Sex dürfe nicht geredet werden, oder Sex sei eine schmutzige Angelegenheit.

Es gibt sechs biblische Prinzipien, die das Sexualleben betreffen. Diese allgemeinen Regeln zeichnen kein komplettes Bild mit bestimmten Verhaltensweisen bei sexuellen Problemen, sondern sie zeigen die wichtigsten Grundsätze, auf denen intime sexuelle Beziehungen basieren.

Sexualität ist gut und von Gott gegeben

Sex ist in der Bibel kein verstecktes Thema. Fast jedes Buch enthält etwas darüber, und zwei Bücher des Alten Testaments haben die

Sexualität zum Motiv. Die Bibel ist nicht gegen Sex, wohl aber gegen Mißbrauch desselben. Die negativen Aussagen sind dazu da, uns in eine bessere, intimere Verbindung zu leiten. Gott ist so sehr für die Einheit zweier Menschen, sowohl geistig wie körperlich, daß er die eheliche Einheit als Illustration für das Verhältnis zwischen Christus (Bräutigam) und seiner Gemeinde (Braut) benutzt.

Extremisten machen sich auf allen Gebieten breit; Sex bildet da keine Ausnahme. So findet man auf der einen Seite die puritanische Philosophie, daß ein Liebesverhältnis zwar gut sei, die geschlechtliche Vereinigung aber nur der Fortpflanzung dienen dürfe. Auf der anderen Seite steht die Playboyfreiheit, nach der jeder mit jedem in sexuelle Verbindung treten darf. Beide Ansichten sind jedoch völlig falsch. Das Liebesverhältnis, wo sexuelles Vergnügen nur der Fortpflanzung dient, entspricht nicht der biblischen Aussage. Das beste und glücklichste Verhältnis besteht da, wo beides gegeben ist: das eheliche Band der Liebe und Freude an der Sexualität.

Warum hat Gott die Geschlechtlichkeit überhaupt geschaffen? Die Fortpflanzung der menschlichen Rasse ist bestimmt ein Grund. In 1. Mose 1, 28 sagt Gott: »Seid fruchtbar und mehret euch und füllet die Erde.« In 1. Mose 2 erscheint ein anderer Grund. Hier sehen wir, daß die Sexualität die Grundlage der Vervollkommnung von Mann und Frau ist, wie wir in Teil zwei gesehen haben. Adam war auf der Suche nach einer Gehilfin, nach einer Vervollständigung seiner selbst; wörtlich steht da zu lesen »gemäß dem Vorhandensein seiner Vorderseite«. Adam suchte nicht einfach eine andere Seele, sondern ebenso einen Körper. Ein weiterer gottgewollter Grund für Sex in der Ehe ist die Freude. Erinnern Sie sich an die Stelle aus dem fünften Buch Mose?

»Wenn jemand kurz vorher eine Frau genommen hat, so soll er nicht mit dem Heer ausziehen, und man soll ihm nichts auferlegen. Er soll frei in seinem Hause sein ein Jahr lang, daß er fröhlich sei mit seiner Frau, die er genommen hat« (5. Mose 24, 5).

Diese Stelle gebietet jedem jungen Paar in Israel (im jüdischen Gesetz), sich ein Jahr lang ungestört an ihrem körperlichen Einssein zu freuen. (Das ist die Aussage der Bibel, nicht meine eigene.) Wohl die vollkommenste Illustration der Gedanken Gottes über die sexuelle Liebe in der Ehe ist das Hohelied Salomos. Jahrhundertelang ist dieses Buch der Bibel von christlichen Darstellern mißbraucht worden, die den Text vorwiegend als Gleichnis für Christus und die Gemeinde betrachteten. Es ist richtig, wenn man sagt, daß das Hohelied ein gutes Bild von Christus und der Gemeinde ist, so wie jede Ehe das sein sollte, aber in erster Linie spricht es von dem Liebesverhältnis eines Ehepaares. Die Ansicht, das Buch zeige Christus und die Gemeinde, kam durch das verkehrte Denken zustande, daß Sex unheilig sei. Das Buch wurde in seinem wörtlichen Sinn nicht akzeptiert. Gott würde doch nicht ein Buch über Sex in der Ehe im Kanon der Heiligen Schrift zulassen, so meinte man und meint es in vielen Kreisen noch heute.

Das Hohelied zeigt uns die Perspektive Gottes über die geschlechtliche Liebe in der Ehe; und das ist auch der Zweck des Buches. Es redet eine intime Sprache, aber auf dem Hintergrund der Ehe und vorehelichen Keuschheit. Es macht eindeutig klar, daß Sex in der Ehe heilig und rein vor Gott ist, und zwar jede Art sexueller Liebe.

Das ganze Buch ist eine Liebesgeschichte. Der König Salomo, Israels reichster König, besitzt in ganz Syrien und Palästina Weingärten. Einer dieser Weingärten liegt bei Baal-Hamon in Galiläa. Als er eines Tages diesen Weingarten besucht, trifft er ein Mädchen namens Sulamit. Sie fängt Salomos Schafherde ein, und er verliebt sich in sie. Er besucht sie von Zeit zu Zeit und bittet sie schließlich, seine Frau zu werden. Nach reiflichen Überlegungen, ob sie ihn wirklich liebt und ob sie in einem Königspalast glücklich sein kann, gibt Sulamit ihr Jawort.

Salomo schickt einen Hochzeitszug, um seine Braut in den Palast nach Jerusalem zu holen, und das Buch beginnt mit den Vorbereitungen Sulamits für das Hochzeitsfest und die Hochzeitsnacht. Ihre erste gemeinsame Nacht wird in Einzelheiten, aber mit großem Takt und Zartgefühl geschildert. Im zweiten Teil des Buches geht es um die Freuden und Probleme in ihrer Ehe. Sulamit weist Salomos sexuelles Verlangen eines Nachts zurück, und der König geht weg. Sulamit erkennt ihre Torheit, steht auf, sucht nach dem Geliebten und findet ihn schließlich. In Freude und gegenseitiger Hingabe umarmen sich beide.

In Jerusalem sehnt sich die junge Königin oft nach den Bergen des Libanon, in denen sie aufgewachsen ist. Sie bittet Salomo, mit ihr dort Ferien zu machen, und er stimmt ihrem Vorschlag zu. Das Buch endet mit der Rückkehr in ihre Heimat und mit der Freude ihrer sexuellen Liebe in den Bergen des Libanon.

Das Hohelied spricht sehr präzise, aber in poetischer Sprache von der sexuellen Liebe in der Ehe. Gott hätte auch in medizinischen Ausdrücken darüber reden oder eine Art Gassensprache wählen können. Aber die medizinische Terminologie läßt natürlich die Schönheit vermissen, und bei der Gassensprache regt sich in uns ein Widerwille gegen das Gesagte. Diese beiden Probleme vermeidet Gott, indem er die poetische Sprache wählt.

Wir wollen hier Salomo und Sulamit während des Hochzeitsfestes ein wenig belauschen. Im ersten Kapitel des Buches, in den Versen neun bis vierzehn lesen wir etwas darüber.

> Salomo: »Ich vergleiche dich, meine Freundin, / einer Stute an den Wagen des Pharao.«

Für uns klingt das wohl nicht sehr schmeichelhaft. Aber Sulamit war nicht beleidigt, denn in der damaligen Kultur waren diese Worte ein großes Kompliment. Das Pferd war ein mit Liebe und Sorgfalt gepflegter Gefährte von Königen, kein Arbeitstier.

> Salomo: »Lieblich sind deine Wangen im Schmuck der Kettchen / und dein Hals mit den Perlenschnüren.«

> Chor: »Wir wollen dir goldene Kettchen machen / mit kleinen silbernen Kugeln.«

> Sulamit: »Solange der König an seiner Tafel saß, / gab meine Narde ihren Duft.«

Narde war eine sehr kostbare Salbe. Sulamit hat dieses Parfüm benutzt, und sie sieht den Duft von ihr zum König ausgehen als ein Ausdruck ihrer Liebe, die nach ihm verlangt. Sie sagt hier, daß Salomo ihr Bestes zum Vorschein bringt.

> Sulamit: »Mein Geliebter ist mir wie ein Bündel Myrrhen, / das an meinem Busen liegt.«

Das bezieht sich auf einen orientalischen Brauch, wonach eine Frau ein Säckchen mit Myrrhen um den Hals trägt, um den ganzen Tag über einen lieblichen Geruch um sich zu verbreiten. Sie sagt, daß Salomo für sie wie dieses Myrrhenbeutelchen ist. Er hat ihre Schönheit beschrieben, und nun sagt sie ihm, daß aller Charme und alle Schönheit, die sie besitzt, durch ihn, ihren Geliebten, hervorgebracht wurde. Seine Liebe ist dieser Duft, der den ganzen Tag von ihr ausgeht.

> Sulamit: »Mein Geliebter ist mir wie eine Traube von Zyperblumen / in den Weingärten von En-Gedi.«

Die Weingärten des En-Gedi sind von Ödlandschaft und dem Toten Meer umgeben. Sulamit sagt dem König, daß er für sie herrlich ist wie die Zierde der Zyperblüte in ihrer öden Umgebung. Er ragt aus seiner Umgebung heraus und hebt damit auch sie hervor und macht sie herrlich. Später am Abend in dem Brautgemach fahren sie fort, sich gegenseitig ihre Liebe zu bekunden (Verse 15 bis 17).

> Salomo: »Wie schön bist du, meine Freundin, wie schön! / Deine Augen glänzen wie Tauben.«

> Sulamit: »Wie schön bist du, mein Geliebter, wie hold! / Unser Lager ist grün ; / Zedern sind die Balken unseres Hauses / und unser Getäfel Zypressen.«

Sulamit ist begeistert über die Art, in der Salomo das Schlafzimmer geschmückt hat – mit Zedern vom Libanon und mit Zypressen. Die meisten Schlafzimmer heutzutage sehen aus wie große Schränke, der unromantischste Raum des ganzen Hauses. Wollen Sie Ihr Schlafzimmer nicht einmal wohnlicher gestalten? Vielleicht benutzen Sie einmal farbige Birnen oder Kerzenlicht. Jeder sieht in Kerzenlicht viel besser aus.

Die Geschichte geht im zweiten Kapitel weiter.

> Sulamit: »Ich bin die Narzisse in Saron, / die Lilie in den Tälern.«

Sulamit erklärt dem Geliebten, warum sie seine Anstrengungen bei der Gestaltung des Schlafzimmers so sehr schätzt. Das Zimmer hat etwas von dem Land ihrer Heimat, und sie selbst ist wie eine zarte Blume, die in der Stille eines zurückgezogenen Lebens aufgewachsen ist (Kap. 2, 1). Sie vergleicht sich mit einer unscheinbaren Blume auf den Weiden. Und als solche fürchtet sie natürlich, in den Palast eines Königs nicht hineinzupassen.

Salomo: »Wie eine Lilie unter den Dornen, / so ist meine Freundin unter den Mädchen.«

Salomo zerstreut ihre Bedenken und sagt ihr, daß sie im Vergleich zu allen anderen Mädchen in seinem Reich wie eine Lilie unter Dornen dasteht (Vers 2).

Sulamit: »Wie ein Apfelbaum unter den Bäumen des Waldes, / so ist mein Geliebter unter den Burschen. / Mich verlangt in seinem Schatten zu sitzen, / und seine Frucht ist meinem Gaumen so süß.«

Sie sind inzwischen scheinbar aktiv in sexueller Liebe und Freude miteinander beschäftigt (Vers 3).

Der Apfel (und andere Früchte) ist im Nahen Osten ein oft benutztes Symbol für Liebe. Im ganzen Hohelied Salomos wird er für die sexuelle Liebe gebraucht. Mit anderen Worten, Sulamit sagt Salomo, welch aufmerksamer, guter Liebhaber er ist und daß sie in seiner Liebe glücklich ist. Das ganze Buch ist überwältigend in seinem Thema, daß geschlechtliche Liebe gut ist »wie Flammen des Herrn« (Kap. 8, 6). Wir werden noch einmal auf das Hohelied zurückkommen.

Sex ist mehr als nur eine körperliche Angelegenheit

Wenn ein Mensch auf uns zukommt, so wissen wir alle, daß da nicht nur ein Körper kommt, sondern daß in dem Körper eine Person wohnt. (Manchmal zweifelt man allerdings auch daran.) Menschen leben in Körpern. Sich auf den Geschlechtsakt vorzubereiten, in dem mun sich auszieht und ins Bett hüpft, bedeutet, nur den Körper vorzubereiten. Aber da ist eine lebendige Person, der wir Beachtung schenken müssen. Mit der Person, die in dem Körper lebt, müssen wir den Kontakt herstellen, sie müssen wir lieben, nicht den Körper.

Sexuelle Liebe, die mehr als körperlicher Kontakt ist, reflektiert das Wesen Gottes in dreifacher Weise. Erstens zeigt sie, daß Gott eine Persönlichkeit ist und nicht einfach eine Kraft. Der Mensch ist zum Ebenbild Gottes geschaffen und ist ebenso eine Persönlichkeit, im Gegensatz zu Pflanzen und Tieren, die nicht als Ebenbild Gottes gemacht sind. Die Bibel zeigt uns, daß es mit dem Gesicht des Menschen eine besondere Bewandtnis hat. Als Gott den ersten Menschen schuf, blies er in sein Gesicht. Und es ist das Gesicht des Menschen, das seine Persönlichkeit reflektiert. Da der Mensch das einzige Geschöpf ist, das nach dem Bild Gottes geschaffen wurde, ist es nicht verwunderlich, daß er fähig ist, das Bild Gottes wiederzugeben. Der Persönlichkeitsaspekt Gottes wird auf einzigartige Weise reflektiert, wenn Mann und Frau sich mit Freuden von Angesicht zu Angesicht (als Persönlichkeit) dem Geschlechtsverkehr hingeben. Nur der Mensch zeugt in dieser Haltung als verantwortliche Persönlichkeit.

Zweitens: Ein weiterer Aspekt des Bildes Gottes wird durch ein Ehepaar wiedergegeben - die Pluralität der Personen. Die Tiere wurden aus dem Staub der Erde geschaffen. Mit den Menschen handelte Gott anders. Aus einem machte er zwei. Obwohl Mann und Frau die Einheit in der Ehe suchen, sind sie doch zwei verschiedene Personen.

Drittens ist da die Wiedergabe der Einheit von einer Mehrzahl von Personen, also die Umkehrung von dem vorigen Aspekt. Hier sehen wir wieder diese merkwürdige Gleichung $1 + 1 = 1$. Hier wird die Dreiheit Gottes reflektiert, die aber wiederum eine Einheit ist. Gott, der Vater + Gott, der Sohn + Gott, Heiliger Geist = EIN Gott! Für die Ehe können wir dieselbe Gleichung einsetzen. Mann + Frau + Gott = eine vollkommene Ehe.

Sexuelle Liebe, die mehr als nur körperlicher Kontakt ist, reflektiert das Wesen Gottes im Verhältnis zum Menschen. Paulus sagt: »Jetzt erkenne ich's stückweise; dann aber werde ich erkennen, gleichwie ich erkannt bin« (1. Kor. 13, 12). Gott kennt uns durch und durch, selbst unsere geheimsten Gedanken und intimsten Regungen. Unser Ziel muß es sein, zu »wachsen in der Gnade und Erkenntnis unseres Herrn und Heilandes Jesus Christus« (2. Petr. 3, 18). Unser Verhältnis zu Gott muß gekennzeichnet sein von dem Verlangen, ihn durch unsere täglichen Erfahrungen immer besser kennenzulernen. Dasselbe trifft für das Verhältnis zwischen Mann und Frau zu. Sie sollten bemüht sein, sich immer besser kennenzulernen, um einander immer besser dienen zu können. Der Mensch ist so geschaffen, daß er einen vertrauten Umgang braucht. In dem Maße wie das innige, vertraute Verhältnis zwischen Mann und Frau wächst, können beide das Vertrauensverhältnis, das zwischen Gott und dem Menschen möglich ist, reflektieren.

Der *Bund* der Liebe zwischen den Eheleuten zeigt einen anderen Aspekt des Verhältnisses zwischen Gott und den Menschen. Ein Bund oder Vertrag zwischen Menschen kann auf vielerlei Weise geschlossen werden. Da ist zunächst eine unkomplizierte Art zu nennen: der Handschlag. Können die Vertragspartner einen derart geschlossenen Bund wieder auflösen? Natürlich! In biblischer Zeit wurde oft Salz benutzt, um einen Bund zu besiegeln. Man gab dem Partner einige Salzkörner und empfing von ihm dasselbe. Auch dieser Bund konnte für ungültig erklärt werden. Ich bin dankbar, daß Gott mit den Menschen keinen so unsicheren Vertrag geschlossen hat. Er benutzte Blut für seinen Bund. Die übliche Praxis eines mit Blut besiegelten Bundes war folgendermaßen. Es wurde ein Tier geschlachtet und zerlegt. Die einzelnen Stücke legte man in zwei Parallelen nebeneinander mit einem Abstand zwischen den Reihen. Nun gingen die zwei Parteien Arm in Arm zwischen den Reihen hindurch. Konnte ein solcher Vertrag wieder aufgehoben werden? Nur wenn einer der beiden Partner starb. (Das Tier konnte ja nicht wieder zusammengesetzt und lebendig gemacht werden.)

Als Gott mit Abraham einen Bund schloß, um das Volk der Juden von allen anderen Völkern abzusondern, benutzte er diese Methode; nur wandelte er sie etwas ab. Er ließ Abraham in einen Schlaf fallen und ging selbst zwischen den zerlegten Stücken des Opfertieres hindurch. Könnte dieser Bund aufhören? Nur wenn Gott sterben würde! Da das nicht möglich ist, ist dieser Bund ein bedingungsloser, beständiger Bund der Liebe. Für die Erneuerung und Erfüllung dieses Alten Bundes nahm Gott wiederum Blut, indem er seinen Sohn sandte und ihn für die Sünde der ganzen Menschheit sterben ließ. Das ist wiederum ein Zeichen des bedingungslosen und ewigen Liebesbundes Gottes. Die bedingungslose und beständige Liebe und Hingabe an den Ehepartner ist ein Bild für diese Liebe Gottes zu uns Menschen.

Sexuelle Liebe, die mehr als körperlicher Kontakt ist, reflektiert das innere Prinzip der Vervollkommnung. Sind Sie zufrieden mit der Person, die in dem Körper Ihres Partners lebt? Mehr, sind Sie begeistert von dieser Person? Das ist äußerst wichtig für die sexuelle Erfüllung in Ihrer Ehe. Ihr Ziel soll nicht der Körper sein, sondern die Person – nicht der Geschlechtsakt, sondern das Vermitteln von Freude.

Sex und die Herrschaft über den Körper des Partners

Es ist interessant zu sehen, was Gott mit unserem Körper tut. Er kauft ihn und ist damit der Eigentümer (siehe 1. Kor. 6, 19–20). Wenn wir heiraten, gibt Gott sozusagen unseren Körper weg.

»Der Mann leiste der Frau die schuldige Pflicht, desgleichen die Frau dem Manne. Die Frau ist ihres Leibes nicht mächtig, sondern der Mann. Desgleichen der Mann ist seines Leibes nicht mächtig, sondern die Frau. Entziehe sich nicht eins dem anderen, es sei denn mit beider Bewilligung eine Zeitlang, daß ihr zum Beten Ruhe habt; und dann kommt wiederum zusammen, auf daß euch der Satan nicht versuche, weil ihr euch nicht enthalten könnt« (1. Kor. 7, 3–5).

Es geht nicht darum, wie oft eine sexuelle Vereinigung stattfindet, sondern darum, immer bereit zu sein, den Partner zu erfreuen – die schuldige Pflicht zu leisten (Vers 3). Ich werde nie vergessen, wie einmal in einem Eheseminar der Sprecher eine Statistik bekanntgab, in der festgestellt wurde, wie oft Ehepaare in den Vereinigten Staaten Geschlechtsverkehr pflegen. Alle anwesenden Paare schauten sich sehr erstaunt an. Einige dachten, sie seien »super«, andere fühlten ihren Puls, um zu sehen, ob sie überhaupt noch lebten. Ein nationaler Durchschnitt hat nichts mit dem persönlichen Verhältnis zweier Eheleute zu tun. Da kommt es nur darauf an, beiderseits die sexuellen Bedürfnisse des anderen zu erfüllen.

Wenn man sich aber wirklich nicht entsprechend fühlt, kann man durch Vorfreude dem Verlangen seines Partners gerecht werden. Es gibt zweifellos echte Hindernisse. Wenn ich bei einem Eheseminar gesprochen habe und abends nach Hause komme, bin ich zu müde, um noch irgend etwas tun zu können. Meine Frau würde es schwer haben, wollte sie mich dann noch zu wirklicher körperlicher Hingabe anregen. Ich kann ihr aber sagen: »Liebling, laß uns morgen abend eine besonders schöne Zeit zusammen haben. Ich verspreche, im ›finsteren Tal‹ als Haupt zu fungieren. Wir werden die Kinder frühzeitig ins Bett bringen und dann den ganzen Abend für uns alleine haben.« Am nächsten Morgen, ehe ich zur Arbeit gehe, gebe ich ihr einen Kuß; nicht so einen flüchtigen, sondern einen, der zum Ausdruck bringt, ich wünschte, ich brauchte dich jetzt nicht zu verlassen. Aber dann gehe ich schnell; das ist wichtig. Vielleicht rufe ich sie am Nachmittag schnell einmal an und sage ihr, wie sehr ich mich auf den Abend freue. Auf dem Weg nach Hause kaufe ich ein paar Blumen. Vielleicht probieren Sie das auch einmal, für jedes Jahr, das Sie mit Ihrer Frau zusammen verbracht haben eine Blume. Wenn das zu teuer wird, können Sie ja die Zahl der Jahre durch drei teilen. Sie glauben nicht, wie schön ein Abend werden kann, wenn man auf diese Weise das Denken und Fühlen seiner Frau darauf vorbereitet.

Hüten Sie sich vor lahmen Ausreden. Salomo klopfte eines Abends sehr spät an Sulamits Tür und erwartete sexuelle Erfüllung (siehe Kap. 5, 2–3). Er tat dasselbe, wofür Männer durch die Jahrhunderte bekannt sind – die Annäherung am späten Abend. Aber, obwohl der Zeitpunkt verkehrt gewählt war, hätte Sulamit nicht mit fadenscheinigen Entschuldigungen kommen müssen.

> Salomo: »Tu mir auf, liebe Freundin, meine Schwester, / meine Taube, meine Reine! / Denn mein Haupt ist voll Tau / und meine Locken voll Nachttropfen.« /
>
> Sulamit: »Ich habe mein Kleid ausgezogen / – wie soll ich es wieder anziehen?«

Können Sie sich Salomo in seiner Enttäuschung vorstellen? Vielleicht dachte er sich: So, warum mußt du dein Kleid wieder anziehen?

> Sulamit: »Ich habe meine Füße gewaschen / – wie soll ich sie wieder schmutzig machen?«/

Jetzt wird sie religiös. In ihrem Kulturkreis war eine zeremonielle Fußwaschung üblich, ehe man schlafen ging. Aber beide Entschuldigungen sind doch sehr schwach.

Sie sind verantwortlich dafür, die sexuellen Bedürfnisse Ihres Partners zu erfüllen. Das geschieht nicht nur im Intimverkehr, sondern auch durch zärtliche Worte und Gesten außerhalb des Bettes. Natürlich muß man in Gegenwart der Kinder diskret sein, auf der anderen Seite brauchen sie Beispiele von Liebesverhältnissen, und sie müssen wissen, daß Vater und Mutter Freude aneinander haben.

Gott gibt soviel Freiheit für die sexuelle Liebe in der Ehe. Aber durch die vielen vorgefaßten Meinungen und Gefühle, daß mit Sex etwas Schmutziges und Widergöttliches verbunden sei, werden dem Liebesverhältnis der Eheleute von vornherein Belastungen und Beschränkungen aufgelegt. Die Bibel macht aber ganz klar, daß es außer zwei Bedingungen keinerlei Beschränkungen gibt. Die erste Bedingung ist, daß die Bedürfnisse des Partners erfüllt werden müssen, und die zweite, daß zu allem, was man tut, das Einverständnis von beiden Partnern gegeben sein muß (siehe 1. Kor. 7, 3 u. 5). Welche phantastische Freiheit für den vollen Ausdruck Ihrer Liebe.

Sex soll offen sein – körperlich wie gefühlsmäßig.

In 1. Mose 2, 25 sehen wir das erste Ehepaar nackt und ohne Scham. Sie genossen eine vollkommene Kommunikation ohne irgendwelche Hemmungen – körperlich (nackt) und emotional (ohne Scham). Später in 1. Mose 3 erfahren die beiden nicht mehr die Offenheit, in der sie einst lebten. Jetzt suchen sie Feigenblätter, um sich vor Gott und voreinander zu verbergen. Was hat diese plötzliche Veränderung von einem heiteren, offenen Verhältnis zu einem bedrückenden, elenden Dasein hervorgerufen? Die Antwort ist klar. Der Abfall des Menschen von Gott hat stattgefunden. Der Mensch lebt in Rebellion gegen Gott – er lebt in Sünde! Seit dem Sündenfall ist die Welt krank durch die Sünde, durch die Übertretung der göttlichen Regeln. Deshalb sind unsere Ehen nicht in Ordnung. Die Sünde trennt uns von Gott und von dem Mitmenschen – deswegen suchen wir nach Feigenblättern. Gott wollte, daß das eheliche Verhältnis offen und frei sein sollte. Obwohl es nicht leicht ist, so sollten Sie doch einen beständigen Kampf gegen das Trennende in Ihrer Ehe und in Ihrer Verbindung zu Gott führen.

Ich staune immer wieder über die Offenheit in dem Verhältnis von Salomo und Sulamit. Sie sind absolut begeistert voneinander, und ihre Liebe findet körperlichen und emotionellen Ausdruck. Ihre

Begeisterung besteht nicht nur am Anfang ihrer Ehe (wie man vielleicht hätte erwarten können), sondern auch späterhin. Von der Art und Weise wie sie miteinander reden, könnte man schließen, daß sie beide ausgesprochene Schönheiten waren. Aber bei näherem Hinsehen muß man das bezweifeln. Zum Beispiel sagt Salomo seiner Geliebten (siehe Kap. 7, 3): »Dein Leib ist wie ein Weizenhaufen.« Zunächst dachte ich, diese Aussage beziehe sich auf die schöne Goldfarbe des Weizens; aber dann merkte ich, daß die Betonung auf *Haufen* liegt. Ihr Bauch scheint also etwas vorgestanden zu haben.

Es war wohl nicht so, daß Salomo und Sulamit von ihren Zeitgenossen als Schönheiten gefeiert wurden, sondern einer war für den anderen schön. Jeder war begeistert von dem Körper des anderen; keiner sah etwas Unsauberes oder Unschönes an dem anderen. Sind Sie begeistert von dem Körper Ihres Partners? Nehmen Sie den Körper Ihres Partners aus Gottes Hand? Haben Sie Ihrem Partner das schon einmal gesagt?

Sex erfordert Formulierung

Für die vollkommene sexuelle Freude ist es notwendig, Ihren Partner immer wieder Ihrer Liebe zu versichern. Lassen Sie uns Salomo und Sulamit in ihrer Hochzeitsnacht noch etwas belauschen (Kap. 4, 1–7).

> Salomo: »Siehe, meine Freundin, du bist schön! / Siehe, schön bist du! / Deine Augen sind wie Tauben / hinter deinem Schleier. / Dein Haar ist wie eine Herde Ziegen, / die herabsteigen vom Gebirge Gilead.«

Hier sehen wir ihn wieder, den begeisterten Liebhaber. Er sagt, daß ihr Haar lang und schwarz und fließend ist wie eine Herde Ziegen, die von den Bergen herunterkommt.

> Salomo: »Deine Zähne sind wie eine Herde geschorener Schafe, die aus der Schwemme kommen.«

Er sagt, daß ihre Zähne herrlich weiß sind. Den nächsten Vers werden sicher nicht alle unter uns auf sich beziehen können.

»Alle haben sie Zwillinge, / und keines unter ihnen ist unfruchtbar.«

Alle ihre Zähne sind Zwillinge; sie stehen in Paaren, und sie sind ebenmäßig. Sie hatte noch keinen Zahn verloren. Wir können das heute nicht unbedingt von uns behaupten. In einem Seminar sagte eine Frau: »Ich habe alle meine Zähne, sie stehen nur in einem Glas zu Hause.«

Salomo: »Deine Lippen sind wie eine scharlachfarbene Schnur, / und dein Mund ist lieblich. / Deine Schläfen sind hinter deinem Schleier / wie eine Scheibe vom Granatapfel. / Dein Hals ist wie der Turm Davids, / mit Brustwehr gebaut, / an der tausend Schilde hängen, / lauter Schilde der Starken.«

Ihre rosigen Schläfen sind der Farbe des aufgeschnittenen Granatapfels zu vergleichen. Ihre königliche Figur und Haltung spricht von innerer Stärke.

»Deine Brüste sind gleich zwei Böcklein, / Zwillingen der Gazelle, / die auf Lilienauen weiden. / Bis der Morgenwind weht / und die Schatten fliehen, / will ich zum Myrrhenberg gehen, / zum Weihrauchhügel. / Alles ist schön an dir, meine Freundin, / an dir ist kein Fehl.«

Sie geben ihre Liebe einer dem anderen.

Auch Sulamit drückt ihre Liebe und Begeisterung für Salomo in Worten aus (Kap. 5, 10–14).

Sulamit: »Mein Geliebter ist licht und braun, / ausgezeichnet vor Tausenden. / Sein Haupt ist das feinste Gold. / Seine Locken sind kraus / und rabenschwarz. / Seine Augen sind wie Tauben / an den Wasserbächen, / sie baden in Milch / und sitzen an reichen Wassern. / Seine Wangen sind wie Balsambeete, / in denen Gewürzkräuter wachsen. / Seine Lippen sind wie Lilien, / die von fließender Myrrhe triefen. / Seine Finger sind wie goldene Stäbe, / voller Türkise. / Sein Leib ist wie reines Elfenbein, / mit Saphiren geschmückt. /

Sulamits Bemerkung über Salomos Leib kann man sicher entnehmen, daß der König eine straffe Figur besaß, keinen Hänge- oder Fettbauch. Zu der Freimütigkeit, der Begeisterung über den Körper des Partners Ausdruck zu verleihen, sollte die Offenheit kommen, dem Partner Hinweise zu geben. Sulamit sagte ihrem Geliebten, was ihr gefällt während ihres Liebesspiels (Kap. 2, 4–6).

> Sulamit: »Er führt mich in den Weinkeller,
> und die Liebe ist sein Zeichen über mir.
> Er erquickt mich mit Traubenkuchen
> und labt mich mit Äpfeln;
> denn ich bin krank vor Liebe.
> Seine Linke liegt unter meinem Haupte,
> und seine Rechte herzt mich.«

Alles, was Sulamit hier sagt, ist positiv. Wenn jemand versucht, den anderen zu erfreuen, wirkt ein negatives »Tue das nicht oder jenes nicht« wie eine kalte Dusche. Es ist viel besser, positive Hinweise zu geben wie: »Tue bitte das« oder »Faß mich hier an«.

Sex ist eine Priorität, die Zeit erfordert

So nehmen Sie sich Zeit. Salomos Annäherung am späten Abend und die typische Zehn-Minuten-Affäre bieten wenig Zeit für Freude und Kommunikation.

Sex ist nichts Unwichtiges, was man nebenbei abtun kann, sondern erfordert Denken und Fürsorglichkeit. In unserer hektischen Zeit ist ein zweiwöchiger Jahresurlaub ein magerer Ausgleich für Streß und Anspannung des täglichen Lebens. Können Sie nicht ab und zu für zwei oder drei Tage dem Alltagstrott entfliehen? Das brauchen keine teuren Wochenendunternehmungen zu sein, aber eine ausgedehnte gemeinsame Zeit kann ungeheuer wichtig für den Aufbau und die Erhaltung der Einheit in der Ehe sein. Nehmen Sie das Hohelied Salomos mit. Lesen Sie es zusammen – der Mann kann Salomos Teil lesen und die Frau die Worte Sulamits. Diskutieren Sie beim ersten Durchlesen, was die beiden zu sagen haben. Wenn Sie es zum zweitenmal lesen, mag das dann die wirkliche Sache sein, wo jeder seine Rolle ausfüllt und dem Partner seine Freude und Begeisterung und seine Wertschätzung mitteilt. Fühlen Sie sich nicht verpflichtet, zu diesem Kurzurlaub jemand mitzunehmen, dem sie damit vielleicht eine Freude bereiten könnten. Für Sie ganz alleine ist diese Zeit wichtig. Ihre Ehe soll zu der Einheit und Vollkommenheit wachsen, die Gott dafür vorgesehen hat.

IV

Unordnung oder Plan?

10 Gott schuf die Familie – sein Werk ist funktionsfähig

Wer den Plan Gottes für die Ehe ganz erfassen will, muß sich über einige Fragen klarwerden: Wozu der Plan? Wozu die Ehe? Wozu brauchen wir den Stifter derselben? Nachdem die Ehe einige tausend Jahre besteht, sollte man endlich den Sinn und Zweck derselben verstehen. Ist sie nur zur Arterhaltung da? Sicher muß es einen besseren Grund als diesen für die Ehe geben. Warum sollten zwei Leute eine lebenslange Verbindung eingehen, nur um Kinder in die Welt zu setzen?

Wozu der Plan?

»Und Gott sprach: Lasset uns Menschen machen, ein Bild, das uns gleich sei, die da herrschen über die Fische im Meer und über die Vögel unter dem Himmel und über das Vieh und über alle Tiere des Feldes und über alles Gewürm, das auf Erden kriecht. Und Gott schuf den Menschen zu seinem Bilde, zum Bilde Gottes schuf er ihn; und schuf sie als Mann und Weib. Und Gott segnete sie und sprach zu ihnen: Seid fruchtbar und mehret euch und füllet die Erde und machet sie euch untertan und herrschet über die Fische im Meer und über die Vögel unter dem Himmel und über das Vieh und über alles Getier, das auf Erden kriecht. Und Gott sprach: Sehet da, ich habe euch gegeben alle Pflanzen, die Samen bringen auf der ganzen Erde, und alle Bäume mit Früchten, die Samen bringen, zu eurer Speise. Aber allen Tieren auf Erden und allen Vögeln unter dem Himmel und allem Gewürm, das auf Erden lebt, habe ich alles grüne Kraut zur Nahrung gegeben. Und es geschah so. Und Gott sah an alles, was er gemacht hatte, und siehe, es war sehr gut« (1. Mose 1, 26–31). An diesem Punkt der Weltgeschichte hatte Luzifer, der »Morgenstern«, sich schon gegen Gott erhoben, um sich selbst als souveräner Herrscher über das Universum aufzuschwingen. Deshalb hat Gott ihn aus dem Himmel auf die Erde geworfen (Jud. 6). Zum Zeitpunkt der Erschaffung des Menschen war die

Erde also der Machtbereich Satans. Und so ist es noch heute (2. Kor. 4, 4; Eph. 2, 2; Luk. 4, 5–7). Diese Tatsache kann uns helfen zu verstehen, zu welchem Zweck Gott die erste Familie erschuf, und dann auch, was unsere Aufgabe als Familie ist. Ganz generell können wir sagen, daß der Mensch Gottes Angriffsmacht auf dieser Erde ist. Mit dem Menschen will Gott die Erde von Satan zurückgewinnen. Donald Grey Barnhouse gibt in seinem Buch *Invisible War* (Der unsichtbare Krieg) folgende Sicht:

»Wir wollen dieser Rebellion eine Chance geben; wir wollen ihr ungehinderten Verlauf zubilligen. Alle Welt wird erfahren, was ein Geschöpf, selbst das größte oder mächtigste, losgelöst von Gott tun kann. Wir wollen ein Experiment starten und dem Universum die Gelegenheit geben, dieses kurze Zwischenspiel zwischen ewiger Vergangenheit und ewiger Zukunft – genannt Zeit – zu beobachten. Während dieser Zeit soll dem Geist der Unabhängigkeit erlaubt sein, sich voll zu entfalten. Die Wracks und Ruinen werden dem gesamten Universum für alle Zeiten demonstrieren, daß es kein Leben, keine Freude, keinen Frieden ohne völlige Abhängigkeit von dem höchsten Gott gibt, der Himmel und Erde sein eigen nennt.«

Ehelicher Konflikt ist keine Schlacht nur zwischen Mann und Frau, sondern Teil der geistlichen Auseinandersetzung zwischen Gott und Satan.

Wozu die Ehe?

Wir können sagen, daß Gott dreierlei mit seiner Angriffsmacht – der ehelichen Einheit – beabsichtigt: das Bild Gottes zu reflektieren, Menschen zu produzieren, die Gott gehorchen und die zusammen auf dieser Erde regieren.

»Und Gott schuf den Menschen in seinem Bilde, im Bilde Gottes schuf er ihn; und schuf sie als Mann und Weib« (1. Mose 1, 27).

Die Einheit von Mann und Frau spiegelt das Bild Gottes am deutlichsten wider – nicht der Mann oder die Frau alleine, sondern die Einheit der beiden. Die schon erwähnte Gleichung 1 + 1 = 1 drückt am besten das Verhältnis in der Ehe aus. Die Norm für Mann und Frau ist die Ehe. (Zweifellos gibt es Ausnahmen von dieser Regel, so zum Beispiel Gottes Gabe der Ehelosigkeit. In diesem Fall, wo Gott einen Menschen zur Ehelosigkeit führt, kann er auch die volle Entfaltung des Bildes Gottes in ihm wirken.) Innerhalb des Herrschaftsbereichs Satans ist es Gott daran gelegen, daß sein eigenes Bild der Welt sichtbar wird wie ein Licht in einem dunklen Raum.

Die wesentlichste und genaueste Darstellung Gottes geschah durch den Gott-Mensch Christus Jesus. Paulus sagt über ihn: »Er ist das Ebenbild des unsichtbaren Gottes« (Kol. 1, 15). Wir werden ständig ermahnt, Nachfolger (Nachahmer) Christi zu sein, uns umformen zu lassen in das Bild Christi, zu werden wie Christus. Obwohl Gott uns alles gegeben hat, was zu diesem christlichen Leben notwendig ist, müssen wir doch allen Fleiß daran wenden, in dem neuen Leben zu wandeln. Wie Jesus sagte, ist das nicht der breite, bequeme Weg, sondern der schmale Pfad, auf dem die Wanderung beschwerlich ist. Wenn das Eheleben das Bild Gottes in ähnlicher Weise reflektieren soll wie das Leben Jesu, dann muß es ein Verhältnis von gegenseitigem Ermuntern und Aufbauen zu diesem Ziel hin sein. Durch die allgemein geübte Ehepraxis des Machtkampfes kommt es aber immer wieder zum genauen Gegenteil – Entmutigung und Zerstörung.

Das zweite Ziel Gottes ist es, die Welt mit seinen Kindern zu füllen. »Seid fruchtbar und mehret euch und füllet die Erde« (1. Mose 1, 28). Ein sehr bekanntes Wort, das weitgehend mißverstanden wird. Es geht hier nicht einfach um die Vermehrung der menschlichen Rasse, sondern um die Erziehung der Kinder in Gottesfurcht und um das Füllen der Erde mit Menschen, die Gott gehören. Und warum das alles? Um dem Geist der Gottlosigkeit und Verruchtheit entgegenzuwirken, der durch den Fall Satans in die Welt gekommen ist.

Die dritte Zielsetzung Gottes war es, daß Mann und Frau zusammen in dem Reich Gottes auf dieser Erde regieren sollen. Der Mann und die Frau hatten den Auftrag erhalten, über alles zu herrschen, was sich auf der Erde regt (1. Mose 1, 28–30). Dann gab Gott ihnen spezielle Anweisungen den Garten Eden betreffend. Das sollte ihr Bereich der Erde sein. Sie sollten ihn bebauen und bewahren (1. Mose 2, 15). Das Wort bebauen bedeutet wörtlich arbeiten oder dienen und wird gebraucht für den Dienst, den man für Gott tut.

Die Betonung liegt hier nicht so sehr auf dem Garten, als vielmehr auf dem Dienst, den beide für Gott tun sollten. Gott hätte sie genau so gut in eine Kleiderfabrik oder auf eine Rinderfarm stellen können. Er war an ihrem Dienst in dem Garten und an ihrer Haltung ihm gegenüber interessiert. Sie sollten den Garten sorgfältig bewahren, ihn schützen vor allem, was Gott nicht darin haben wollte. Sie sollten auf der Hut sein vor allen Problemen innerhalb des Gartens (ihre eigene Haltung) und die Welt außerhalb des Gartens beobachten, damit nichts die Schöpfung Gottes verändern könnte.

In der gemeinsamen Herrschaft im Reich Gottes auf dieser Erde sollen Mann und Frau als Team ihren lokalen Einflußbereich bebauen und bewahren. Zusammen sollen sie Gott dienen und sich gegenseitig stärken. Alles andere kann, da es außerhalb des Planes Gottes liegt, nur zweitbeste Möglichkeit sein. Aber es geht auch heute nicht nur um das Vermehren und Bebauen. Das ist nur eine Seite. Die andere heißt: Wache halten – bewahren. Auch heute besteht die eheliche Verbindung, um der geistigen Macht Satans entgegenzuwirken. Das Reich Satans ist besiegt, wenn Mann und Frau zusammen in der Abhängigkeit von Gott den geistigen Mächten des Bösen widerstehen. Jakobus sagt: »Unterwerfet (bebauen, dienen) euch nun Gott. Widerstehet (Wache halten) dem Teufel, so wird er von euch fliehen (Jak. 4, 7). Satan konzentriert seine Hauptmacht gegen die Ehe, weil er weiß, daß ein Ehepaar, das nach Gottes Maßstäben lebt, sein stärkster Feind ist. Die Einheit von Mann und Frau – das Team, nicht die Einzelperson – ist ein Vorstoß in das Reich Satans, ein gemeinsames Regieren für Gott.

Gott schuf die Gemeinschaft der Ehe, um sein Bild zu reflektieren, um göttliche Menschen hervorzubringen und damit die Eheleute gemeinsam regieren sollen. Da Gott die Familie schuf, kann sie auch nach den von ihm gegebenen Grundsätzen funktionieren. Die göttlichen Grundsätze sind lebendig. Selbst wenn ich sie nicht verstehe, sind sie immer wahr und zutreffend. Ich verstehe nicht, wie Elektrizität funktioniert, aber ich benutze sie ständig. Ich verstehe nicht, wieso braune Kühe grünes Gras fressen und weiße Milch produzieren, aber ich verzehre das alles (ausgenommen das Gras). Nach dem Gesetz der Schwerkraft wird ein Mensch, der im zweiten Stock eines Hauses aus dem Fenster steigt, sehr schnell hinunterfallen und unsanft auf den Boden aufschlagen. Manche Regeln treffen immer zu, ob wir sie verstehen oder ob sie uns gefallen oder nicht. Einige der göttlichen Prinzipien, die die Ehe betreffen, mögen wir von unserem Standpunkt aus als absurd ansehen und sie ignorieren. Aber ganz gleich, wie wir darauf reagieren, sie sind wahr und zutreffend. Nur in den Grundsätzen Gottes liegt die eheliche Einheit und Vollkommenheit.

Wozu der Planer?

Gottes Plan funktioniert! Aber es ist unmöglich nach seinem Plan zu leben, ohne den Planer zu kennen und sich ihm persönlich anzuvertrauen. Der große Designer hat uns so geschaffen, daß wir nur dann volles Leben haben, wenn er selbst lebendiges Teil unseres Lebens ist. Warum hat er uns so geschaffen? Und warum ist es notwendig, daß Gott Teil unseres Ehelebens ist? Es gibt zwei wichtige Gründe für die Hingabe an Gott innerhalb der Ehegemeinschaft.

Der erste Grund besteht darin, die Konflikte zu vermeiden, die durch das Zusammenbinden von zwei verschiedenen Charakteren entstehen würden. Paulus weist in 2. Korinther 6, 14–15 darauf hin: »Ziehet nicht am fremden Joch mit den Ungläubigen. Denn was hat die Gerechtigkeit zu schaffen mit der Ungerechtigkeit? Was hat das Licht für Gemeinschaft mit der Finsternis? Wie stimmt Christus mit Belial? Oder was für ein Teil hat der Gläubige mit dem Ungläubigen?« Der Gedanke, der dieser Anweisung zugrunde liegt, ist schon im Alten Testament in 5. Mose 22, 10 zu finden: »Du sollst nicht ackern zu gleicher Zeit mit einem Rind und einem Esel.« Warum? Weil die zwei von unterschiedlicher Natur sind. Wenn der eine gehen will, will der andere stehenbleiben, und man wird seine Arbeit nie fertigbringen. Dasselbe trifft auf die Menschen zu. Von Natur aus ist der Mensch auf sich selbst gerichtet, auf den eigenen Genuß und nicht auf die Sache Gottes; er sieht immer nur sich selbst. Wenn nun jemand in Verbindung mit Gott kommt, wird seine Sicht geändert, er wird zu einer neuen Kreatur, die auf Gott gerichtet ist und ihre Kraft von Gott empfängt. Die Warnung des Apostels Paulus besagt, einen nach Gott orientierten Menschen nicht zusammenzubinden mit einem, der auf sich selbst gerichtet ist. Denn das Resultat einer solchen Bindung ist notwendigerweise Disharmonie, Nichtverstehen und letztlich fehlende Kommunikation. Die unterschiedliche Grundeinstellung würde die Einheit, die Gott im Sinn hat, verhindern. Beide also, Mann und Frau, müssen verändert werden. Aus ichbezogenen Menschen müssen solche werden, die auf Gott hin ausgerichtet sind.

Um Konflikte in Ihrer Ehe zu vermeiden, müssen Sie einiges tun. Sie müssen sich verändern lassen. Und der Mensch hat die Möglichkeit dazu. Jesus illustrierte diese Veränderung mit der Vorstellung der Geburt. Er sagt: »Was vom Fleisch geboren wird, das ist Fleisch; und was von Gott geboren wird, das ist Geist« (Joh. 3, 6). So wie Sie leiblich geboren werden mußten, um eine Beziehung zu dem irdischen Leben zu haben, so müssen Sie geistlich geboren werden, um eine Beziehung zu Gott auf geistlichem Gebiet zu haben.

Es gibt zwei Möglichkeiten der Beziehung zu Gott. Die erste ist die, daß man vollkommen ist. Wenn Sie vollkommen sind, dann sind Sie nicht egozentrisch, sondern nach Gott orientiert. Die egozentrische Natur rebelliert gegen Gott und seine Grundsätze. Die allgemeine Einstellung gegenüber Gott ist: Gott, laß mich in Ruhe. Geh' du deine Wege, und ich gehe die meinen. Wenn ich 70 bin, kannst du ja mal wieder anklopfen! Diese Rebellion nennt die Bibel Sünde. Wenn Sie nicht diese Natur haben, brauchen Sie nicht geistlich geboren zu werden. Während Sie sich prüfen, ob Sie vollkommen sind, lassen Sie mich jedoch folgende Gedanken zwischenschalten. Paulus sagt in Römer 3, Verse 10 und 23: »Da ist keiner, der gerecht sei, auch nicht einer. Denn es ist hier kein Unterschied: sie sind allzumal Sünder und mangeln des Ruhmes, den sie bei Gott haben sollten.« Nun, da Ihre Möglichkeiten, sich als vollkommen zu erkennen, zerstört sind, können wir die zweite Art der Beziehung zu Gott betrachten. An diesem Punkt wird die geistliche Geburt notwendig. Sie ist sehr einfach. Da alle Menschen eine auf sich selbst bezogene Natur besitzen, müssen alle Menschen eine neue Natur erhalten, die auf Gott ausgerichtet ist. Diese neue Natur kann nur in der geistlichen Geburt empfangen werden. Gott hat uns in seinem Wort klargemacht, daß die Sünde eine Bezahlung verlangt – den Tod. Sie können für Ihre Sünde selbst bezahlen – mit dem Getrenntsein von Gott in alle Ewigkeit; oder Sie können Gottes Bezahlung durch den Tod seines Sohnes Jesus Christus annehmen. Wenn ein Mensch erkennt, daß für seine Sünde eine Bezahlung geleistet werden muß, und er den von Gott bezahlten Preis annimmt, schenkt Gott ihm eine neue Natur, die auf Gott gerichtet ist und ihn befähigt, nach den Grundsätzen Gottes zu leben. »Ist jemand in Christus, so ist er eine neue Kreatur; das Alte ist vergangen, siehe, es ist alles neu geworden« (2. Kor. 5, 17).

Bob kam voller Verzweiflung über seine Ehe und das Leben im allgemeinen zu mir. Er berichtete: »Ich habe ein wenig davon gehört, was Sie über die Ehe sagen, aber ich bin davon überzeugt, daß meine Frau nichts dergleichen tun kann! Sie ist eine absolute Null!« Ich fragte: »Und wie stehts mit Ihnen, Bob?« – »Oh, ich bin auch ein ziemlich schlechter Mensch, aber nicht so schlecht wie sie!« Ich versuchte, Weiteres über seine eigene Verantwortung in der Ehe zu erfragen. Schließlich meinte er: »Sehen Sie, für meine Frau und mich würde das nur funktionieren, wenn wir beide ganz und gar umgekrempelt würden!«

Was Bob da sagte, war sehr wesentlich. Es war ihm klar, daß sie beide aus sich selbst heraus nicht fähig waren, nach Gottes Plan zusammen zu leben. Sie brauchten eine neue Lebensmöglichkeit. Sie benötigten eine veränderte Natur. Deshalb vertraute Bob sich Jesus Christus an; er vertraute der Bezahlung für seine Sünde und wurde eine neue Kreatur.

Aber auch als Neuschöpfung wird der Mensch nicht aus eigener Kraft mit seinem alten Wesen fertig. Das Leben eines Christen ist ein Wachstumsprozeß; er muß lernen, beständig in dem neuen Wesen zu leben und das alte Wesen abzulegen. Als Bob dieses neue Leben empfangen hatte, waren ihm nicht plötzlich Flügel gewachsen, und er war nicht perfekt. Trotzdem erkannte seine Frau, daß sich etwas in ihm geändert hatte, und sie liebte diese Veränderung. Nach einiger Zeit rief sie mich an und sagte: »Ich weiß zwar nicht, was Sie Bob gegeben haben, aber kann ich einmal zu Ihnen kommen, um auch eine Dosis dieser Medizin zu erhalten?«

Diese beiden Menschen waren fähig geworden, die eheliche Einheit nach dem Plan Gottes zu erleben, denn sie waren in eine lebendige Beziehung zu Gott, dem Designer, getreten.

Der zweite Grund für die Hingabe an Gott ist, die Kommunikation zu wecken und zu fördern durch die gemeinsame Unterwerfung un-

ter Gott, den Stifter der Ehe. Der Apostel Johannes zeigt uns das Prinzip in 1. Johannes 1, 7: »Wenn wir im Licht wandeln, wie er im Licht ist, so haben wir Gemeinschaft untereinander, und das Blut Jesu Christi, seines Sohnes, macht uns rein von aller Sünde.« Er spricht hier zwar nicht speziell von der Ehe, aber der Grundsatz trifft in der Ehe genauso zu wie in jeder anderen Gemeinschaft.

Was bedeutet das »im Licht wandeln«? Es heißt, sich Gott und seinen Grundsätzen zu unterwerfen. Das kann manchmal unbequem werden, weil das Licht den Dreck zum Vorschein bringt – die Niederlagen und Fehler. Ich staubsauge manchmal für meine Frau die Wohnung. Um etwas Abwechslung in diese Tätigkeit zu bringen, arbeite ich nach der Uhr und versuche, neue Rekorde aufzustellen. Einmal ging das ganz besonders schnell. Um mein Büro sauberzumachen, nahm ich mir nicht einmal Zeit, das Licht einzuschalten, denn ich kannte ja jeden Winkel darin und dachte nur an meinen Rekord. So unterbot ich auch meine bisherige Bestzeit um eine halbe Minute. Meine Frau inspiziert meine Arbeit aber manchmal. Als sie in mein Büro kam, meinte sie: »Hier sieht es aus, als ob du im Dunkeln gesaugt hättest!« Was hatte sie sofort gesehen? Den Dreck in der Mitte des Teppichs, den ich in meiner Hast nicht wahrgenommen hatte. Wenn man Licht macht, sieht man den Dreck. So ist es auch, wenn man im Licht Gottes lebt. Die Kluft zwischen den Richtlinien Gottes und unserer Praxis kann gewaltig sein!

Das Licht Gottes zeigt uns aber nicht nur den Dreck, es hilft uns auch, unsere Fehler zu überwinden. Zwei Menschen, die zu höchster gegenseitiger Hingabe und Kommunikation in ihrem Eheleben gelangen möchten, können ihr Leben völlig neu im Licht Gottes anfangen. Groll, Abneigung und Haß ersticken so leicht jedes wirkliche Leben in der Ehe. Es muß eine Lösung geben, wobei alle diese Hindernisse abgebaut und Mann und Frau in wahrer Vergebung miteinander leben können. Das kann geschehen, wenn beide Partner im Licht Gottes wandeln, wenn sie zunächst die Vergebung Gottes an sich selbst erfahren haben und damit fähig geworden sind, zu vergeben.

Um so leben zu können, müssen wir Gott als den Planer unserer Ehe akzeptieren. Wir müssen uns ihm und seinen Regeln unterwerfen. Wir müssen im Licht wandeln. Das Ergebnis? Einheit – Einheit nach dem Plan Gottes. Das ist die vollkommene Ehe!

Gott schuf die Familie! Kann sein Plan funktionieren? Gott schuf die Familie, damit sie der Welt sein Bild vorhalten soll, damit Menschen gezeugt werden, die sein Eigentum sind und damit sie in der geistlichen Auseinandersetzung gemeinsam regieren sollen. Da Gott der Schöpfer und Planer des Ganzen ist, kann er es auch zum Gelingen bringen – aber nicht ohne Sie! Jakobus warnt uns in seinem Brief (Kap. 1, 22) davor, nur Hörer des Wortes und nicht auch Täter zu sein. Wenn wir meinen, wir haben das Wort, weil wir es gehört haben, so betrügen wir uns selbst. Das Ziel des Hörens muß die Ausführung sein. Ich habe Ihnen in diesem Buch lang und breit die Regeln Gottes für eine vollkommene Ehe erklärt. Nun ist es an Ihnen, diese Regeln in Ihrem persönlichen täglichen Leben zur Anwendung zu bringen.

Wie oft hören wir Worte wie: »Wenn das Christentum zu Hause nicht funktioniert, funktioniert es vielleicht überhaupt nicht!«

Das ist eine Herausforderung für Sie und für mich!

Dorothy Pape

WIR FRAUEN UND GOTT
Was sagt uns das Neue Testament?

Edition C
Bestell-Nr. C 43, 152 Seiten

Wenn es um die Emanzipation der Frau geht, so heißt es gewöhnlich, die Bibel stände auf der Seite der beherrschenden Männer. Daß dem aber keineswegs so ist, zeigt Dorothy Pape in ihrem lesenswerten Buch auf.

Sie analysiert sehr sorgfältig, was vor allem Jesus und Paulus hierzu gesagt haben, und findet dabei heraus, daß das Christentum durchaus nicht will, daß die Frauen lediglich zu Hausarbeiten oder, in der Gemeinde, zum Sitze wärmen und Blumen arrangieren da sind.

Sollen verheiratete Frauen die gleichen Rechte wie ihre Ehemänner haben? Dürfen Frauen führende Positionen in der Gemeinde einnehmen? Diese und viele andere Fragen werden in diesem Buch behandelt und dabei ein neues Licht auf gängige Argumente geworfen.

Für alle, die sich mit der Frage der Emanzipation beschäftigen, für alle, denen dieses Thema unter den Nägeln brennt oder die Interesse daran haben, das wahre Wesen der Frau kennenzulernen, das geeignete Buch – übrigens auch für Männer.

BRENNPUNKT – DIE FAMILIE

Diese Reihe beschäftigt sich mit den wichtigsten Fragen und Problemen der christlichen Familie von heute. Die Bücher wurden von qualifizierten Fachleuten verfaßt und zeichnen sich durch ihre Praxisnähe aus.

Bisher sind erschienen:

Ross Campbell
KINDER SIND WIE EIN SPIEGEL
Edition C, Nr. F 1, 112 Seiten
Ein Handbuch für Eltern,
die ihre Kinder richtig lieben wollen.

Norman Wright
ZUHÖREN MUSS MAN LERNEN
Edition C, Nr. F 2, 108 Seiten
Harmonie in der Familie.

Barbara Sroka
EINS IST EINE GANZE ZAHL
Edition C, Nr. F 3, 120 Seiten
Allein – und doch erfülltes Leben.

Nancy Potts
LEBEN IN ZEITEN DER
EINSAMKEIT
Edition C, Nr. F 4, 120 Seiten
Machen Sie das Beste aus den
einsamen Stunden, die zwischen
den angenehmen Zeiten der Ge-
meinsamkeit liegen.

Allan Petersen
WIR STECKEN IN EINER KRISE
Edition C, Nr. F 5, 144 Seiten
Wie man mit Schwierigkeiten in der
Familie fertig wird.

Ilse Wenzel
CHRISTLICHE ERZIEHUNG
UND INTELLIGENZENTWICK-
LUNG
Edition C, Nr. F 7, 120 Seiten
Briefe an Claudia

James Johnson
SO BIN ICH, LIEBE FRAU
Edition C, Nr. F 8, 120 Seiten
Was jede Frau über einen Mann
wissen sollte.

Joyce Landorf
STARK UND ZART
Edition C, Nr. F 9, 142 Seiten
Wie sich eine Frau den Mann
wünscht.

Joyce Landorf
WENDEPUNKTE IM LEBEN
DER FRAU
Edition C, Nr. F 10, 128 Seiten
Wenn wir Ihn am meisten brau-
chen.

Ross Campbell
TEENAGER BRAUCHEN MEHR
LIEBE
Edition C, Nr. F 11, 128 Seiten
Ein Handbuch für Eltern, die ihre
Teenager richtig lieben wollen.